ひとりでも学べる日本語の発音

OJADで調べて
Praatで確かめよう

木下直子・中川千恵子 著

目次

1	はじめに ―自律学習の準備・OJAD と Praat の使い方―	1
2	スラッシュ・リーディング 1 ―聞きやすくわかりやすいイントネーション―	11
3	スラッシュ・リーディング 2 ―喜怒哀楽の言い方―	17
4	名詞とイ形容詞のアクセント ―声の高さのコントロール―	23
5	動詞のアクセント ―山と丘のアクセントとイントネーション―	29
6	文末イントネーション 1 ―「か」「ね」「よ」―	35
7	文末イントネーション 2 ―「じゃない」「よね」「かな」「かね」―	41
8	リズム 1 ―のばす音・小さい「っ」・「ん」―	47
9	リズム 2 ―単語や川柳のリズムパターン―	53
10	母音と子音 ―発音のしくみ―	59
11	音の変化 ―男女差・方言差―	65
12	気持ちの伝え方 1 ―ていねいさ―	71
13	気持ちの伝え方 2 ―役割とキャラ―	77
14	さいごに ―これからの発音学習に向けて―	83

補足	85
1．OJAD の便利な使い方	85
1）4 つの機能の説明	
2）修正の方法	
3）ポーズの調節	
2．Praat の便利な使い方「高さの調節」	87
3．アクセントのパターン	87
4．あいうえお体操	88
1）有声音と無声音　オノマトペ	
2）拗音　オノマトペ	
3）新しい五十音	
4）言いにくい音	

本書について

　本書は、初級後半から中上級レベルの日本語学習者を対象とし、聞き手にとって聞きやすく、わかりやすい発音、気持ちが伝わる発音で話せるようになることを目指した教材です。

　発音学習というと、練習や評価などを母語話者にたよってきたところがありますが、わからないアクセントやイントネーションはオンライン日本語アクセント辞書（OJAD）で調べてモデル音声を自分で作って練習する、そして必要に応じてフリーの音声分析ソフト Praat で自分の発音を確認することで、ひとりでも発音学習ができます。

　筆者たちは、本書にまとめた方法を使って日本語学習者に対する発音教育を行ってきました。その授業を通して、発音に対する感覚のつかみやすさは人それぞれで、手をたたく方法がわかりやすいという人もいれば、記号を見るだけでいいという人、ビート音が役立つという人もいて、どれか1つの方法を提示するだけでは限界があることを感じてきました。OJAD については、筆者のひとりが開発者メンバーであったということもありますが、毎学期どの方法が役立ったかを調査していく中で、OJAD、Praat、シャドーイングの人気があったため、本書ではその方法を扱っています。また、他の学習方法として早稲田大学日本語教育研究センターの研究プロジェクト「日本語音声における自律的学習支援システムの開発」（研究代表者：木下直子）の助成を受けて開発された Web 教材「つたえるはつおん」（www.japanese-pronunciation.com）を紹介しています。

　これまで音声教材では、感情について限定的なものしか扱われてきませんでした。それは、感情を表す言い方には個人差があるため、正確な情報を扱いたいと考えるほど、示せなかったのだと考えます。しかし、敬語を使って丁寧に言っているつもりなのに丁寧さが伝わらないという誤解をはじめ、自分のことばに気持ちをのせるのが難しいという日本語学習者からの声を受けて、一例でもいいから例示しようという考えに思い至りました。

　ときに発音学習は時間がかかることもあると思いますが、楽しみながら練習し、自分の理想の発音が実現できるよう、本書がお役に立てたら幸いです。

2019 年 2 月

木下直子　中川千恵子

本書の使い方

1．全体の構成

本書の全体構成は次の通りです。

	課のタイトル	音声項目など
1	はじめに ―自律学習の準備・OJAD と Praat の使い方―	学習目標、学習方法
2	スラッシュ・リーディング1 ―聞きやすくわかりやすいイントネーション―	句切り、イントネーション、ポーズ、ニュース調
3	スラッシュ・リーディング2 ―喜怒哀楽の言い方―	イントネーション、気持ち（楽しさ、怒り、悲しさ）
4	名詞とイ形容詞のアクセント ―声の高さのコントロール―	アクセント
5	動詞のアクセント ―山と丘のアクセントとイントネーション―	アクセント、疑問イントネーション
6	文末イントネーション1 ―「か」「ね」「よ」―	文末イントネーション（質問、残念、了解、疑い、驚き、喜び、考え中、確認、同意）
7	文末イントネーション2 ―「じゃない」「よね」「かな」「かね」―	文末イントネーション（同意を求める、肯定、否定、判断保留、確認）
8	リズム1 ―のばす音・小さい「っ」・「ん」―	リズム、特殊拍、早口言葉
9	リズム2 ―単語や川柳のリズムパターン―	川柳、数字、リズムパターン、手遊び（拍）
10	母音と子音 ―発音のしくみ―	五十音、口の開き、舌の位置、有声音・無声音、鼻音
11	音の変化 ―男女差・方言差―	音の変化、男性のことば、女性のことば、関西方言
12	気持ちの伝え方1 ―ていねいさ―	声の要素（高さ、大きさ、強さ、速さ、明るさ、かたさ）、気持ち（棒読み、丁寧、怒っている）
13	気持ちの伝え方2 ―役割とキャラ―	声の要素、性格
14	さいごに ―これからの発音学習に向けて―	学習のふり返り

2. 各課の構成

　本書は、発音の自律学習の足場がけとなるような教材を目指しています。自律学習とは、自ら自分の学習の目標を立て、実行し、目標が達成できたかどうかを確認、判断し、次の目標につなげるというPDSサイクルが回せるよう（p.1 図1参照）、自分の学習を管理、調整することを言います。そこで、何がPLAN、DO、SEEとなるのかを理解し、体験することをねらい、各セクションにマークをつけました。

　中には、自分に合っていない目標や練習方法があるかもしれませんが、それこそが貴重な体験です。ぜひいろいろな方法を経験し、自分に合ったものを考え、デザインし直してください。

　各課の構成は、以下の通りです。

PDS	内容	セクション名
PLAN	各課の目標を理解する	―
	自分の学習段階を知る	1．聞いてみよう
DO	ルールを理解する	2．ルールをおぼえよう
	ルールをもとに考える	3．考えてみよう
	発音練習を行う	4．練習しよう
SEE	練習した発音を確認する	5．チェックしよう
（DO）	チャレンジする	6．応用練習
CHECK（SEE）	各課の目標の達成度を自己評価する	―

3. 授業での活用

　各課は90分の授業で活用できるように想定していますが、時間が限られている場合には、応用練習を課題とするなどの調整が可能です。コンピュータが使える教室ではなくても、できたかどうかをペアで判断することもできます。
　筆者のひとりは日本語学習を目的とした演劇クラスで活用してきました。その具体例を以下に紹介します。
　まず、10課で紹介した発声練習や早口言葉は、発音練習のウォーミングアップに

なります。また、2課の句切りを入れることや「へ」の字のイントネーションに気をつけて人前で大きい声で話すことは基本です。そうした基本ルールを学習した後に、3課の喜怒哀楽のあるスピーチを行います。

　会話の練習をする前の段階では、4課や5課のアクセントルールを学び、動詞のアクセントに気をつけながら短い会話を演じます。その合間に8課や9課で楽しい活動をしながらリズム練習をすることもできます。気持ちを表すと言っても、言っていることが伝わらなければ何にもなりません。口を開いて発音のルールを少しずつ理解してから11課から13課のバリエーションに富んだ会話練習を行えば、より一層気持ちを表すことができます。ドラマを見て真似をしてみる練習をしている人は少なくないと思います。演劇は現実のシミュレーションです。演劇を少し取りいれて発音練習をすることも可能です。生き生きとした楽しい活動を実践できるのではないでしょうか。

　このほか、日本語教師研修、大学、大学院等の音声学の授業でも、練習方法について考えながら進めることができると思います。

音声データダウンロードの方法

① PC・スマートフォンで音声ダウンロード用のサイトにアクセスします。QR コード読み取りアプリでつぎの QR コードを読み取ってください。

QR コードが読み取れないときはブラウザから「https://audiobook.jp/exchange/hituzi」にアクセスしてください。

※ちがう URL からアクセスすると、有料になる（お金がかかる）ことがあるのでご注意ください。
※ URL は正しくご入力ください。

② 表示されたページから、audiobook.jp への会員登録ページに進みます。
※音声のダウンロードには、audiobook.jp への会員登録（無料）が必要です。
※既にアカウントをお持ちの方はログインしてください。

③ 会員登録後、シリアルコード「68512」を入力して「送信する」をクリックします。クリックすると、ライブラリに音源が追加されます。

④ スマートフォンの場合はアプリ「audiobook.jp」をインストールしてご利用ください。PC の場合は、「ライブラリ」から音声ファイルをダウンロードしてご利用ください。

〈ご注意〉
・ダウンロードには、audiobook.jp への会員登録（無料）が必要です。
・PC、iPhone、Android のスマートフォンから音声を再生することができます。
・音声は何度でもダウンロード・再生できます。
・上記の①の URL 以外からアクセスすると、音声が利用できません。URL の入力間違いにご注意ください。

・ダウンロードについてのお問い合わせ先：info@febe.jp（受付時間：平日の 10 ～ 20 時）

声の出演

川村 幸

青戸浩香

中島太基

土崎 光

長谷部展子（関西方言協力）

1 はじめに
―自律学習の準備・OJAD と Praat の使い方―

① 自分に合った発音学習がイメージできる
② 発音学習ツール OJAD と Praat の使い方がわかる

1. 自律学習と PDS サイクル

　学習を成功させるためには、「自律」していることが大切です。
　自律学習とは、自分で学習目標・計画を立てて（第1段階 Plan）、学習を実行すること（第2段階 Do）。そして、目標が達成できたか、どこができなかったのかを判断・評価し（第3段階 See）、つぎの目標を立てる（第4段階 Plan）…という PDS の学習サイクルを回すことを言います（図1）。

このあいだ「内容がないよう」って言ったのに、うまく伝わらなかったな。
アクセントを勉強しよう

将来、日本でコメディアンになりたい。伝わりやすい発音じゃないと、ウケないかも…
お笑い番組で練習しよう

毎朝、電車の中で15分なら続けられる。英語のアクセントの勉強をするとき、身体を動かしながら練習したら、なんとなく感覚がつかめた気がしたな。
身体を動かす方法を使おう

つぎは、アクセントに注意しながら文を読んで練習してみようかな。

これ、ちょっと「内容がないよう」
よし！ウケた

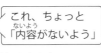

毎朝、電車の中で15分身体を動かしながらアクセントを練習している。
練習が終わったらカレンダーにチェックする。時々、見直そう。

図1　PDS サイクルと発音学習

学習目標や学習計画を立てるときには、つぎの3つに注意しましょう。

1．無理のない目標や計画を立てること
2．自分に合った学習方法を選ぶこと
3．目標の達成が確認できる目標にすること

　では、自分に合った発音学習を考えてみましょう。

2．自分の発音学習について考える

① 〈Vision〉どうして日本語を勉強していますか。
　また、将来日本語を使って何ができるようになりたいですか。

> ex. しゅみで勉強している。日本人の友だちと話せるようになりたい。etc.

② 〈Vision 達成に必要なスキル〉将来日本語を使うとき、発音の正確さはどの程度必要ですか。

　a. アナウンサーのように発音する必要がある
　b. 友だちが理解できる程度に発音できればよい
　c. その他（　　　　　　　　　　　　　　　　　　　　）

③ 〈Vision 達成に必要なスキルと今のスキルとのギャップ〉今、苦手な発音や練習したい発音は、どんな発音ですか。どうしてまたはどんな場面でそう思いましたか。

> ex. 「つ」の発音。先生に注意されたから。etc.

＊自分がどんな発音が苦手なのかわからない人は、Web 教材「つたえるはつおん」
(http://japanese-pronunciation.com) の「かんたんなチェックをする」で確認してみましょう。

④「③で書いた内容」は、「①②の内容」とつながっていますか。

例：Aさん

> わたしは、将来日本で声優になりたいです（①）。そのため、アナウンサーのような発音だけでなく、いろいろな気持ちが伝えられるようにしなければならないと思っています（②）。今、気持ちが伝えられているか自信がないので、気持ちを伝えるイントネーションを勉強したいです（③）。

> わたしは、将来日本の会社で働きたいと思っています（①）。そのとき、同僚の人たちやお客様と日本語を使います。それでていねいな言い方の発音を練習したいです（②）。今まで発音のせいで、うまく伝わらなかったことがあります。たぶん「つ」の発音やざ行の発音がよくできなかったからだと思います（③）。

Bさん

自分の①②③はつながっていますか。

```
ex. ②と③がつながっていない。etc.
```

⑤どのような学習方法が好きですか。
　a. 発音をくり返しよく聞いて練習する方法
　b. 記号を見て発音のルールを確認しながら練習する方法
　c. 手をたたいたり、身体を動かしたりしながら練習する方法
＊よくわからない人は、いろいろな学習方法をためしてみましょう。

⑥将来、日本語を使う場面を考えると、発音練習の素材は、どのようなものが合っていると思いますか。
　a. アニメーション　b. ドラマ　c. 日本語の教科書　d. お笑い番組　e. 音楽
　f. ニュース　g. ドキュメンタリー　h. 講義　i. その他（　　　　　　　　　）
＊1つだけではないかもしれません。興味や関心のある素材で学習すると、楽しく続けられそうですね。

自分の発音学習についてイメージができましたか。

3．便利なツール紹介
3.1　OJAD

　OJAD とは Online Japanese Accent Dictionary（オンライン日本語アクセント辞書；http://www.gavo.t.u-tokyo.ac.jp/ojad/）の略語です。URL を入力するか、インターネットで、ojad か OJAD を検索してください。単語（名詞、形容詞、動詞）のアクセントやイントネーションを調べることができます。自分が書いた文章の音声を聞くこともできます。右上のアイコンで好きな言語が選択できます。

図2　OJAD のトップページ

3.1.1　単語のアクセントを調べる

　OJAD のトップページ左側にある「OJAD 4機能」（図2★）から「単語検索」をクリックします。トップページ左「教科書別」の項目にある教科書の単語が検索できます。
　「単語の検索」に「ぶつ」と「豚」を入力して「実行」をクリックしましょう。動詞の辞書形「ぶつ」、名詞「ぶた」が表示されます（図3）。
　「ぶつ」「ぶた」の記号「⌐」や「￣」は高さを示しています。日本語は高低アクセントで、「どし」(city)「とし」(age) など、声の高さでことばの意味が変わります。記号「⌐」は、音の高さが下がるところ、「￣」は声が高いことを表しています。
　表の上にある活用形は☑をはずせば、必要な活用形だけを選べます。ドラッグ＆ドロップで活用形の位置を移動することもできます。
　音声を聞いてみましょう。左のピンクボタンは女性、右の青いボタンは男性の声で

す。いちばん下にある「全体を一括再生」（➡）ボタンを押すと、表示されているすべての音声が聞けます。ボタンの上にカーソルをおいて、shift キーと同時に左クリックすると、音声を保存することもできます。

図3　活用形のアクセント

3.1.2　文章のアクセントやイントネーションを調べる
■アクセントやイントネーションのマークの作成

「OJAD 4機能」の中から「韻律読み上げチュータスズキクン」を選択します。

枠の中にアクセントやイントネーションを調べたい文章を書きます。ここでは「豚が豚をぶったらぶたれた豚がぶった豚をぶった」と入力してみました（図4）。句読点（、。）を入れないと、読みにくくなるので、「豚が豚をぶったら、ぶたれた豚が、ぶった豚をぶった」のように読点「、」を入れて「実行」（⬅）をクリックします。

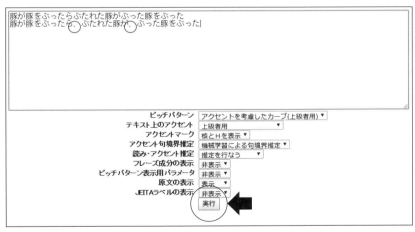

図4　韻律読み上げチュータスズキクン・設定

図5の下の図のように読点があると、読みやすくなることがわかります。読点は、「、」ではなく、スラッシュ「/」「／」を使うこともできます。

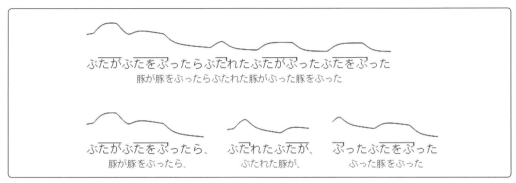

図5 読点なし（上）と読点あり（下）

また、設定の①「ピッチパターン」、②「テキスト上のアクセント」、③「アクセントマーク」をつぎのようにシンプルな設定に変えると図6のように見やすくなります。①②を初級者用、③を「核のみ表示」にします。

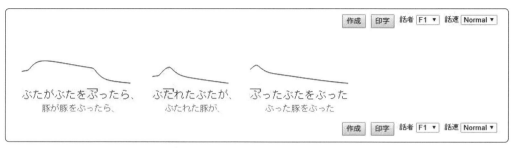

図6 設定をよりシンプルにした図

②「テキスト上のアクセント」の上級者用は図5のようにすべての単語にアクセントマークがありますが、初級者用は図6のように必要最低限のアクセントだけが表示されるので、よりシンプルです。

■**合成音声の作成**

図6のように右の上下にボタンが表示されます。「話者」は、女性2名（F1・F2）、男性2名（M1・M2）の中から選択できます。話速（スピード）は、Slow（ゆっくり）、Normal（普通）、Fast（速い）から選べます。

図7 音声作成ボタン

「作成」ボタンをクリックすると、図7が表示され、「再生」を押すと音声を聞くこと

ができます。「停止」で一時停止、「再開」でまた聞くことができます。コンピュータに音声を保存するときには、「保存」、図をプリントするときには「印字」を押します。

3.2 Praat

Praatは、無料の音声分析ソフトです（http://www.fon.hum.uva.nl/praat/）。Paul Boersma氏とDavid Weenink氏が開発しました（図8）。

Praatは、自分のコンピュータにダウンロードすれば、いつでも音声を録音したり、音声を確認したりすることができます。これを使うと、自分の発音をチェックすることができるので便利です。Praatのサイトから自分が使っているOSに合わせてWindowsまたはMacintoshを選択してダウンロードします。CPUの環境に合わせて64-bit edition、または32-bit editionを選択してください。

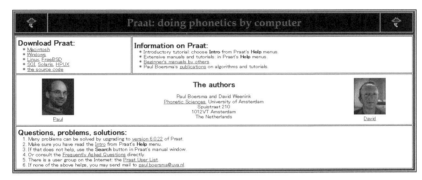

図8 Praatトップページ

図9 Praat Objects（左）とPraat Picture（右）

ダウンロードして開くと、Praat Objects（図9左）と Praat Picture（図9右）が出てきます。Praat Objects は、音声を録音したり分析したりするときに使います。Praat Picture は図を作成するときに使います。

3.2.1　録音・保存

Praat で自分の発音を録音してみましょう。Praat Objects を使います。[New] → [Record mono sound] をクリックして、[Sound Recorder] を出しましょう（図10）。左下の [Record] のボタンをクリックし、マイクを通して「豚が豚をぶったら」を録音してみましょう。録音ができたら、[Stop] を押します。[Play] をクリックすると、録音した音声が聞けます。右下の [Name] にファイル名を入力して [Save to list] をクリックすると、Praat Objects にリストが出ます。

図10　Sound Recorder

録音した音声を保存するときは、Praat Objects の [Save] → [Save as wav file] を選択します。保存したファイルを開きたいときは、Praat Objects の [Open] → [Read from file] をクリックして開きたいファイルを選択します。録音した音声が長いときは [Open long sound file] を選択しましょう。

3.2.2 音の高さ（アクセント・イントネーション）と長さ（リズム）の確認

　Praat Objects に表示されているファイル名のリストから、音声を確認したいものを選択し、[View & Edit] をクリックすると、音声の波形とスペクトログラムが出てきます（図12）。音が大きいほど波形の振幅が大きくなります。

　スペクトログラムは、横軸が時間、縦軸が音の周波数を示しています。色の濃さは、周波数の強さを表し、子音（Consonant）より母音（Vowel）の方が黒く表示されます。

　録音した音声が長いとき、スペクトログラムが表示されないことがあります（図11）。そのときは、音声をドラッグして選択し、左下にある [sel] のボタンを押すと、選択された部分の音声のスペクトログラムを確認することができます。

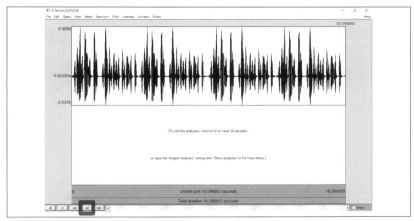

図11　スペクトログラムが表示されない例

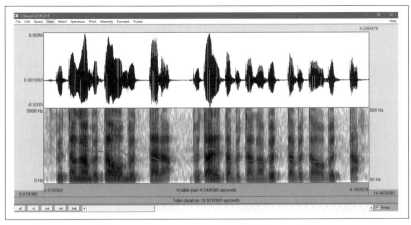

図12　スペクトログラムが表示された例

前に録音した音声「豚が豚をぶ「ったら」の音の高さ（イントネーション）と長さ（リズム）を確認してみましょう。

音の高さは [Pitch] → [Show pitch] をクリックして画面上の青い線で確認をします。[Spectrum]、[Intensity]、[formant]、[Pulses] についても同じように [Show…] のチェックをはずせば、高さを表す曲線（ピッチカーブ）だけを確認することができます。

線がとぎれているのは音が聞こえないところです。子音の種類によってとぎれることがあります。

＊Praatでは青い線ですが、図13では黒の線で示されています。

♬Track01 ▶

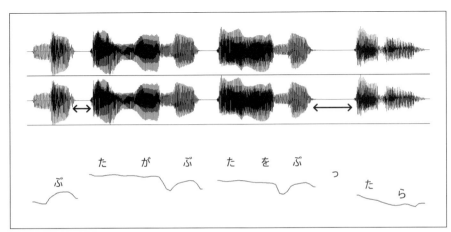

図13　音声の波形（上）とピッチカーブ（下）

「豚が豚をぶ「ったら」は「ぶったら」の「ぶ」のあとで下がりますが、図13の「ぶったら」の曲線を見ると、「ぶ」より「た」の線が低い位置にあるので、だんだん下がっていることがわかります。また、「っ」を示す /っ/ の長さが前後の音の /ぶ//た/ より長いので促音があることが確認できます。ドラッグの下のバーに表示されている数値は長さ(ms;ミリセカンド)です。「豚」の /ぶ/ と /た/ の間の長さ(↔)より「ぶった」の /っ/ は ↔ が長いので「っ」を確認できます。

どうでしたか。できるだけ静かな環境で録音すると、確認しやすいです。「つたえるはつおん」（http://japanese-pronunciation.com）では、PraatやOJADの学習方法について動画で紹介しています。

自分の発音をOJADで調べて、Praatで確認しながら練習してみましょう。

2 スラッシュ・リーディング1
―聞きやすくわかりやすいイントネーション―

①句切りと「へ」の字のイントネーションのルールがわかる
②句切りを入れて「へ」の字のイントネーションで話せる

1. 聞いてみよう

つぎのAとBの発音は、どちらの方がわかりやすく、聞きやすいですか。それはなぜでしょうか。

文1　口頭発表

A ♪Track02 ▶
B ♪Track03 ▶

> 発表ではテレビや新聞などのメディアから発信される情報と「表現の自由」について考えてみたいと思います。

　Aは、切れ目がないダラダラ読みなので、わかりにくいです。
　Bは、切れ目があるので意味がまとまっていて、わかりやすいです。意味のまとまりで切った切れ目を「句切り」と呼びます。少し複雑な内容の文のときには、句切りがあるとわかりやすくなります。
　読みやすくするために「、」だけではなく「/」（スラッシュ）を書くことがあるので、この本では、「スラッシュ・リーディング」と呼びます。「/（,）」と「/（,）」の間のまとまりをフレーズ（＝句）と呼びます。

2. ルールをおぼえよう

Bの読み方では、句切りのところで少しポーズ（休み）を入れます。そしてつぎのフレーズが始まると声を上げ、さらにつぎの句切りまでだんだん声の高さを下げていきます。その高さの変化をで表すと、ひらがなの「へ」の字のようになります。

2.1 句切り「/」が入るところ

1. 助詞の後
2. 連体修飾節の後
3. 接続詞や副詞の後や大事な言葉の前後（例：しかし、たとえば…）
4. ことばを並べたり、時・理由を表したりすることばの後（例：〜と、〜て、〜たり、〜が、〜たら、〜ので、〜とき、昔、あした、今日…）
5. 拍数がだいたい15拍以内の意味の切れ目

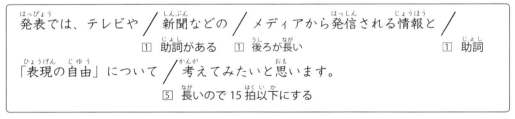

図1 「1.聞いてみよう」文1Bの句切り

注意：「、」は、意味のまとまりがはっきりしているので、「/」より少し長くポーズが入ります。「。」はもっと長いポーズです。

「つたえるはつおん」(http://japanese-pronunciation.com) では、「スラッシュ・リーディングを取り入れた練習」を動画で紹介しています。

- - - - - - - - - - コ ラ ム - - - - - - - - - -

「、」（読点）は、文の理解に役立つように入っています。上のルール1〜4で「、」を入れるかどうかは、人によって違います。たくさん「、」を入れる場合は、「、」だけで十分ですが、5に書いたように、フレーズが長すぎる場合、読みやすくするために「/」を入れましょう。

2.2 「へ」の字になること

句切り「/」と「へ」の字が大事だと考えるだけで十分ですが、フレーズのはじめの音には、つぎのような特徴があります。

1) フレーズの最初の音（1拍目）とつぎの音（2拍目）の声の高さが違う
   ① 1拍目が低いとき、2拍目は高くなる（a　ただし2拍目が小さい「っ」（促音）のときは3拍目が高くなる）
   ② 1拍目が高いとき、2拍目は低くなる（b）
2) 1拍目と2拍目の声の高さの違いが目立たないこともある
   ③ 2拍目がのばす音「ー」（長音）や「ん」（撥音）のとき（c）

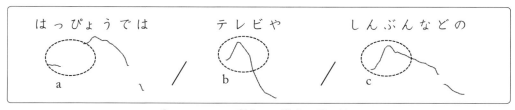

図2 [Praat]　1拍目と2拍目の声の高さ

句切りと「へ」の字を入れたものを読んで確認してみましょう。

図3　「1. 聞いてみよう」文1Bの句切りと「へ」の字

3. 考えてみよう　　　　　　　　　　　☞答えはp.16

つぎの文をニュース調に読むとき、どこに句切りが入るでしょうか。「/」と「へ」の字のピッチカーブを入れてください。そのあとでモデル音声を聞いて比較しましょう。また、句切りの下に前のページのルールであげた番号①〜⑤も入れてみてください。

助詞 particle　　連体修飾節 relative clause　　接続詞 conjunction　　副詞 adverb

文2　ニュース　　　　　　　　　　　　　　　🎵Track04 ▶

つぎは、世界最速のコンサート会場の話題です。車内でコンサートやライブが

鑑賞できる新幹線「スピーディア」の運転開始日が9月1日に決まりました。

6月1日から指定席を含む旅行商品が売り出されます。

4.練習しよう　　　　　　　　　　　　　　☞録音のしかたは p.8

　文1と文2を発音してみましょう。

　モデル音声を聞きながら、シャドーイングします。シャドーイングは、shadow（かげ）のように発音の後を追いかけて練習することをいいます。アクセントや イントネーションをコピーするつもりで発音してください。表にあるように、目的に合わせて練習方法を決めるといいですね。

表　練習の方法

種類	練習方法	ねらい
①パラレルリーディング	音声を聞きながら速度に合わせて文を読む ＊声は出さない	・速度に慣れる ・内容を理解する
②シャドーイング	音声を聞きながら、音声をコピーするつもりで聞こえたところを発音する ＊文字はできるだけ見ない	・音声の特徴に注意する ・速度に慣れる
③リピート	音声を途中で止めて、おぼえた音声を発音する ＊文字はできるだけ見ない	・音声の情報をおぼえる ・自分の発音をモニタリングする

　難しかったら、文字を見ましょう。③リピートもはじめは、文の途中でとめて、できるようになったら、文を長くしていくといいですね。

鑑賞する watch　　指定席 reserved seat

14

5. チェックしよう

　文1と文2の発音を録音してチェックしましょう。〈自己評価；self evaluation〉〈他者評価；evaluation by others〉〈Praat〉のどれか好きな方法で確認してください。

　チェックポイントは、図4のように、①句切りが入って、フレーズのまとまりがあること、②／のところでポーズが入って、／と／の間の高さが「ヘ」の字のカーブを描いていることです。

〈自己評価〉　自分の発音を聞いて、チェックポイント①②を確認します。
〈他者評価〉　ほかの人にチェックポイント①②を確認してもらいましょう。
〈Praat〉　　自分で聞いてもよくわからないとき、Praatを使って目で確認しましょう。

　[View & Edit]の[Spectrum]→[Show spectrogram]の✓をはずして、[Pitch]→[Show pitch]だけに✓をいれると、声の高さが確認できます。
図5のようにダラダラ読みになっていませんか。

図4［Praat］　句切りがある読み方

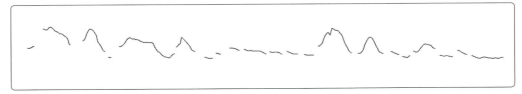
図5［Praat］　ダラダラ読み

男性の声はPraatでピッチカーブが下の方にあってよく見えないことがあります。その時は、pitch rangeを変えてみましょう。（→ p.87）

6. 応用練習

今使っている他の教科書や、自分が書いた作文で練習してみましょう。

【3. 考えてみよう】の答え

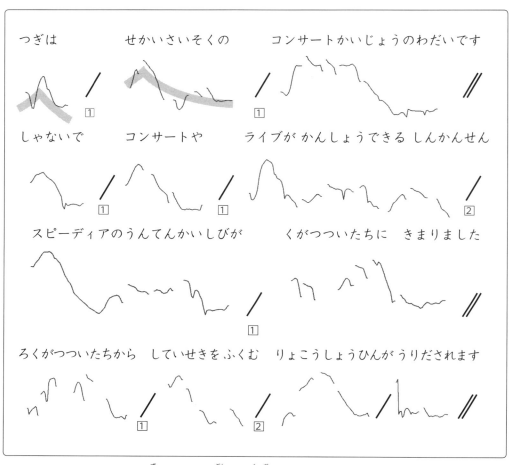

図6 [Praat] 文2の句切りとピッチカーブ

前のページのチェックポイント①句切りが入って、フレーズのまとまりがあること、②カーブが「へ」の字を描いていることがわかりますね。

✓CHECK
①句切りと「へ」の字のルールが　□わかった　□わからなかった
②そのルールで　□話せた　□話せなかった　□わからない

コメント：

3 スラッシュ・リーディング2
―喜怒哀楽の言い方―

①目的にあった言い方がわかる
②声の要素がコントロールできる

1. 聞いてみよう

楽しさを伝える目的ではどんな言い方をするでしょうか。つぎのモデル音声はAとBの2種類あります。音声を聞いて、AとBのどちらが楽しそうに旅行ツアーを売りこんでいるか考えてください。音声の情報をもとに「/」と「へ」の字をかいて、「はっきり」「明るく」など、言い方で気づいたことを書きましょう。

文1　楽しそうに旅行ツアーを売りこむ　　　A 🎵Track05 ▶
　　　　　　　　　　　　　　　　　　　　B 🎵Track06 ▶

学生限定のツアー、「よかばいドバイ6日間」を企画いたしました。

このツアーは、全食事つきで、添乗員が全行程同行します。

AもBも、句切りでまとまっていて、声が「へ」の字を描いています。しかし、Bの方がAよりはっきりと伝わるし、楽しさも伝わるので行こうかなという気持ちになりませんか。Bの方が「楽しそうなツアーの売りこみ」という目的にあっていると言えるでしょう。

喜怒哀楽 emotions　売りこむ promote　限定 only　企画する plan　添乗員 tour conductor
全行程 for the duration of the tour　同行する accompany

2. ルールをおぼえよう

「楽しそうに言う」「怒って言う」「悲しそうに言う」などの目的に合った言い方には、つぎの表のような要素が必要です。

表　目的に合った言い方

1	句切り「/」	句切りが多いか少ないか ポーズ（句切りで休む時間）が長いか短いか 大事なことばや強調したいところの前後で句切る
2	「へ」の字	感情が入ると、ことばの最後が強くなったり、はねあがったりして「へ」の字にならないときがある
3	1つ1つの音	はっきり言うか言わないか のばす　　　　　　　　　　（例：文末「ですー」、「でーす」） 「っ」を入れる　　　　　　（例：文末「でっす」、「ですっ」） 「ん」を入れる　　　　　　（例：「あまり」を「あんまり」と強調） 1つ1つの音を切って言う　（例：お・た・の・し・み）
4	気持ち	声で喜び、怒り、悲しさ、楽しさの感情を伝える 語りかけるように言う
5	その他	

　Bの音声をもう一度聞いて確認しましょう。ほかに気づいた点があったら「その他」に書いてください。

文1B　楽しそうに旅行ツアーを売りこむ　　　　　♪Track06 ▶

　句切り（スラッシュ）の本数は、ポーズの長さを表しています。Bの読み方は、全体的に楽しそうな声で、Aより句切りが多いので、元気よく聞こえます。ポーズをしっかり入れること、ポーズの長さがいつも同じにならないようにすることもポイントです。

3　スラッシュ・リーディング2

3．考えてみよう　　　　　　　　　　　☞答えは p.22

　怒りを伝える目的ではどんな言い方をするでしょうか。つぎの音声は感情を入れた場合と入れない場合の2種類あります。聞いて、「/」と「へ」の字を入れてください。ほかにどんな言い方をしているかを書いてみましょう。

文2　怒ってクレームを言う（留守番電話で）　　A 🎵Track07 ▶
　　　　　　　　　　　　　　　　　　　　　　　B 🎵Track08 ▶

先日参加した　　「よかばいドバイ6日間」について　　クレームを

言わせていただきます。

留守番電話に残したメッセージが怒りと内容を伝えていることが大事です。

では、悲しいときには、どんな言い方をするでしょうか。

文3　悲しそうに弔辞を読む　　　　　　　　A 🎵Track09 ▶
　　　　　　　　　　　　　　　　　　　　　B 🎵Track10 ▶

ニャンタロー、　　長生きしてくれて　　ありがとう。

4．練習しよう

4.1　短文練習

　文1～3を読んで練習しましょう。

　まず、「/」と「へ」の字を入れて読んでみましょう。内容を伝えられるような発音が大切です。気持ちは伝わっても何を言っているかわからなければ何にもなりません。とちゅうでとまらずに読めるようになったら、気持ちをこめて読んでみましょう。表現のしかたは、1つではありません。モデル音声と違ってもかまいません。

要素 element　強調する emphasize　クレーム complaint　留守番電話 answering machine
弔辞 words of condolences

19

4.2　長文練習

　文2と文3を少し長くして練習しましょう。音声を聞いて表を参考に気づいたところを書き入れましょう。

文2'　怒ってクレームを言う（留守番電話で）　♪Track11 ▶

先日参加した「よかばいドバイ6日間」について　クレームを言わせて

いただきます。　添乗員がつくということだったのですが、

添乗員の山田さん、あれ、なんですか！　毎日寝てばかりで、

まったく　役に立ちませんでした。

文3'　悲しそうに弔辞を読む　♪Track12 ▶

ニャンタロー、長生きしてくれて ありがとう。　25歳という歳は、

人間で言えば、100歳以上です。　その間、悲しいことや　くやしいことが

あるたびに、私は　あなたにぶつけました。　でも、あなたは知らん顔。

もう二度と あなたのような猫には 会えない。ニャンタロー、さようなら。

いつまでも　いつまでも　忘れないよ。

くやしい frustrations　知らん顔 pretand not to notice

5. チェックしよう　　　　　　　　　　　　　☞録音のしかたは p.8
「4. 練習しよう」を練習して録音してみましょう。

〈自己評価〉　気持ちを伝えるために考えた工夫が、その気持ちに聞こえるか、確認します。

〈他者評価〉　どのぐらい楽しそうに聞こえるか、怒って聞こえるか、悲しそうに聞こえるかなど、ほかの人に確認してもらいましょう。どの部分がそう聞こえたのかを話し合うと、気持ちを伝えるポイントがわかりますね。

6. 応用練習

1）聞き手がこわくなるような言い方を工夫してみましょう。

文4　「こわそうに怪談を話す」　　　　　　　　♪Track13 ▶

私は夜歩くのが好きです。昼間はうるさいところも、夜になると

静かになります。落ちついて、考えながら歩くのが好きなんです。

そういうときに、思いがけないことに出会うことがあります。

これからそんな話をしようと思います。ある日のこと…

2）文1～4の文の一部を変えて、アレンジしてみましょう。文1はどんな楽しい内容のツアーなのか、文2はなぜ添乗員の山田さんに怒っているのか、文3はニャンタローがどんな猫だったのか、文4は思いがけないことはどんなことなのかなどを考えると、言いたいことがいろいろ出てきそうですね。

3）ほかにもうれしい気持ち、さびしい気持ち、緊張している気持ちなど、いろいろな言い方を考えて表現してみましょう。

怪談 ghost story　　落ちついて calmly　　思いがけない unexpected　　緊張する be nervous

【3. 考えてみよう】の答え

モデル音声は、下の図のように言っています。言い方は1つではありません。

文2B 怒ってクレームを言う（留守番電話で）

🎵Track08 ▶

先日参加した　／　「よかばいドバイ6日間」について　／　クレームを　／　言わせていただきます。　∥

文2Bは、全体的にかたく怒りのこもった声です。ことばの最後が強くはねあがっているので、「へ」の字にはなりません。また、強調したいところではっきり発音しています。

文3B 悲しそうに弔辞を読む

🎵Track10 ▶

ニャンタロー、　長生きしてくれて　ありがとう。

文3Bは、全体的に低くおさえた悲しみのこもった声です。ゆっくりと話しかけるようです。ポーズも長いので、悲しみの余韻を感じます。「へ」の字がきれいに描かれていますね。

✓CHECK

目的にあった言い方が　　□わかった　□わからなかった
句切りとポーズのコントロールが　　□できた　□できなかった　□わからない

コメント：..

こもる be filled with　　はねあがる rise rapidly　　悲しみの余韻 echoes of sadness

4 名詞とイ形容詞のアクセント
―声の高さのコントロール―

①日本語の「アクセント」のルールがわかる
②声の高さをコントロールして発音できる

1. 聞いてみよう

下線の「うどん」と「はし」の発音はどのように聞こえますか。

会話　さぬきうどん　　　　　　　　　　　　　　♬Track14 ▶

> 佐藤：やっぱりさぬきうどんはおいしいですね。
>
> カレン：うどんはおいしいですが、なかなか箸でつかめなくて…
>
> 佐藤：そんなに箸の端を持たないで、このあたりを持つといいですよ。

　「さぬきうどん」と「うどん」、「箸」と「端」は、どのように聞こえましたか。「さぬきうどん」のとき、「うどん」は「ＨＬＬ　　」、「うどんはおいしい」のとき、「うどん」は「ＬＨＨ　　」と聞こえます（H = high 高い、L = low 低い）。
　「箸」は「ＨＬ」、「端」は「ＬＨ」のように聞こえます。
　日本語の場合、単語レベルで音の高さが変化することを「アクセント」、文レベルで音の高さが変化することを「イントネーション」と言います。
　アクセントが違うと、ことばの意味が伝わりにくくなることがあります。アクセントの下がり目があるか、どこにあるかが大切です。ここでは、下がるところに「」のマークを書きます。

箸 chopstiks　端 end　つかむ hold on to

2．ルールをおぼえよう

名詞と形容詞のアクセントのルールについて説明します。

名詞のアクセントは、単語ごとに違いますが、形容詞のアクセントには、決まったパターンがあります。

2．1　名詞のアクセント

日本語のアクセントは高低アクセントです。①下がり目があるかないか、②下がり目がどこにあるか、が大切です。

「はし」の例を見てみましょう。「はし」はアクセントによって「箸、端、橋」と意味が変わります。

この本では、「単語＋助詞」の中で、下がり目が1つだけあるのは「山のアクセント」、下がり目がないのは「丘のアクセント」と呼びます。　♪Track15 ▶

山のアクセント　　は˥しが（箸；chopsticks）　　　　H L L

　　　　　　　　　はし˥が（橋；bridge）　　　　　　　L H L

丘のアクセント　　はしが（端；edge）　　　　　　　　L H H

＊アクセントの種類について、詳しく知りたい人はp.88を見てください。

「名詞＋助詞」の中では一度声が下がったらあがりません。一度下がって上がると、2つのことばに聞こえます。　♪Track16 ▶

にわとりがいます　There is a chicken.

に˥わとりがいます　There is two birds.

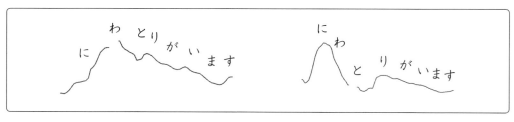

図1 [Praat]　「鶏がいます」と「二羽鳥がいます」

2.2 意味のまとまり

「さぬきう」どん」は、「さ」ぬき」と「うどん」の複合語です。複合語になると2つのことばが1つになって、下がり目は1つの山のアクセントか丘のアクセントになります。

♪Track17 ▶

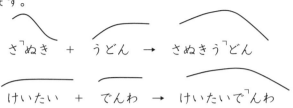

つぎのようなことば遊びがあります。これも1つの単語を表すときには、山のアクセントになっていますね。

♪Track18 ▶

2.3 イ形容詞のアクセント

イ形容詞には伝統的には山と丘のアクセントがありますが、丘のアクセントは形容詞全体の10%で、日本人でも区別が難しくなっています。ここでは山のアクセントの1種類で練習しますが、違うパターンを聞くことがあるかもしれません。

♪Track19 ▶

さぬきう」どんは、おいし」いです

さぬきう」どんは、おいし」くて人気がある

さぬきう」どんは、おいし」かった

イ形容詞 i-adjective　区別 discrimination

3. 考えてみよう　　　☞答えは p.28

つぎのa～hのアクセントはどんなアクセントだと思いますか。わからないときは、OJADスズキクンで調べてみましょう。

文　韓国料理　　　♬Track20

私は a.韓国人ではありませんが、b.韓国料理が大好きです。特にキムチと韓国のりが好きです。キムチは c.からくて、d.おいしいです。キムチの味は地域によって違います。一般的に e.韓国の北より南の地域のキムチの方が f.塩からいです。でも、梨を入れると、それほど g.からくないです。あっさりしていて、どの季節に食べても h.いいです。

4. 練習しよう

4.1　高さの練習　　　♬Track21

1) 音階を使って発音の練習をします。2) つぎに、まゆげや肩を上げたり、手を使ったりしてアクセントの練習をしましょう。

① は⌐しが（箸）　　はしが（端）　　はし⌐が（橋）
② い⌐つか　　　　　いつか（5日）
③ ちゅ⌐うごく（中国）　　ちゅうごく⌐じん（中国人）
　ちゅうごくりょ⌐うり（中国料理）

1) 音階を使った練習

　ミドド　　　ドミミ　　　ドミド
　箸が　　　　端が　　　　橋が

2) まゆげを使った練習

　　い⌐つか　　　　　　5日

いろいろ身体を動かして、いちばん感覚がつかみやすい方法をさがしてみましょう。

塩からい salty　音階 music scale　まゆげ eyebrow

Web 教材「つたえるはつおん」(http://japanese-pronunciation.com) では動画で「高さの感覚をつかもう」を紹介しています。

4.2 ペアで会話をしてみましょう。1人がA1かA2のどちらかを発音します。A1を発音したら、もう1人はB1の答えを言います。A2を発音したら、B2の答えを言ってください。

♫Track22 ▶

1) A1：お水いっぱいください　　B1：たくさん飲みますね
　　A2：お水い「っぱいください　　B2：ひとつですね
2) A1：さけがすきですか　　　　B1：アルコールはだめなんです
　　A2：さ「けがすきですか　　　　B2：魚はあまり…
3) A1：い「つか旅行に行きませんか　B1：いつにしましょうか
　　A2：いつか旅行に行きませんか　B2：5日はちょっと…

4.3 好きな料理
　イ形容詞を5つ以上使って、自分の好きな料理か最近自分が作った料理について説明する文を書いてください。つぎに、イ形容詞にアクセントのマークを書いて、読んでみましょう。

いっぱい a lot　　い「っぱい（1杯）a glass of　　さけ（酒）alcoholic drink　　さ「け（鮭）salmon
い「つか someday　　いつか（5日）5th

5．チェックしよう　　　　　　　　　　☞録音のしかたは p.8

「3．」の「文　韓国料理」と「4．1」の①②③を読んで録音してみましょう。

〈自己評価〉自分で聞いてみましょう。名詞とイ形容詞のアクセントは、できていましたか。
〈他者評価〉アクセントができていたか、ほかの人に聞いてもらいましょう。
〈Praat〉　　自分で聞いてわからないときは、Praat を使ってみてください。
　　　　　　たとえば「4．1」の①は、Praat で分析してみると、図2のように確認できます。

図2 [Praat]　「はしが」のアクセント

6．応用練習

ことば遊びです。高さに注意して読んでみましょう。

1）かえるが　か￢える　　　　　　　（蛙が帰る）the frog goes home.
2）きたから　き￢た　　　　　　　　（北から来た）came from the north.
3）ニューヨ￢ークで　入浴する　　　（ニューヨークで入浴する）take a bath in New York.
4）ここのすいかは　やす￢いか　　　（ここのすいかは　安いか）Is this watermelon cheap?
5）このいす、い￢いっすね　　　　　（この椅子、いいですね）this chair is good.

【3．考えてみよう】の答え

a. かんこく￢じん　b. かんこくりょ￢うり　c. から￢くて　d. おいし￢いです
e. か￢んこく　f. 塩から￢いです　g. から￢くないです　h. い￢いです

✓CHECK
日本語の「アクセント」のルールが　　□わかった　□わからなかった
声の高さをコントロールして　　□発音できた　□できなかった　□わからない

コメント：..

5 動詞のアクセント
―山と丘のアクセントとイントネーション―

①動詞の2種類のアクセントがわかる
②アクセントルールにしたがって文のイントネーションが言える

1. 聞いてみよう
つぎの2つの会話の下線の動詞のアクセントに気をつけて聞きましょう。

会話1　昼ごはんに行く？　　　　　　　　　　♪Track23 ▶

> マイ：昼ご｢はんに　行く？
>
> タロー：うん、行く。　あ、リーさんも行かない？
>
> リー：あ、私は行かない。行かな｢いで　仕事する。

会話2　なに食べる？　　　　　　　　　　♪Track24 ▶

> マイ：えっ？！　食べ｢ない？　食べ｢ないで大丈夫？
>
> リー：大丈夫、大丈夫。
>
> タロー：じゃ、マイさん、なに食べ｢る？

動詞のアクセントパターンが違うのがわかりますか。

2. ルールをおぼえよう

　動詞には、名詞やイ形容詞と同じように、声の下がるところがある山のアクセントの動詞と下がるところがない丘のアクセントの動詞があります。

　それでは、どんなルールがあるでしょうか。表1は、会話1と会話2に出てきた動詞のアクセントです。

2.1　辞書形、「～ない」のアクセント

表1　辞書形、「～ない」「～ないで」辞書形疑問文のアクセント　♪Track25 ▶

	辞書形	疑問	～ない	疑問	～ないで
丘	⌢○○○	○○○？	⌢○○ない	○○ない？	⌢○○な⌐いで
	いく	いく？	いかない	いかない？	いかな⌐いで
	する	する？	しない	しない？	しな⌐いで
山	○○⌐○	○○⌐○？	○○⌐ない	○○⌐ない？	○○○⌐ないで
	たべ⌐る	たべ⌐る？	たべ⌐ない	たべ⌐ない？	たべ⌐ないで

1）辞書形
　丘の動詞は平ら（Flat）で、疑問文でも平らなまま上がっていく。
　山の動詞は語末から2拍めに下がり目があって（拍数が多くなっても同じなのでマイナス2型と呼ぶ）、疑問文でも同じように下がって上がる。

2）～ない
　丘の動詞は平らで、疑問文でも平らなまま上がっていく。ただし、「ない」の後ろに何かつくと〈○○な⌐いで〉のようになる。
　山の動詞は〈○○⌐ない〉のようになる。後ろに何かついても同じである。

平ら flat　　語末 word ending

Praatの図を見ると、山のアクセントと丘のアクセントの違いが、よりはっきりしますね。

図1 [Praat] 丘のアクセント「行く」

図2 [Praat] 山のアクセント「食べる」

2.2 「〜て」「〜た」「〜ます」「〜よう」のアクセント

会話3　スペシャルは終わってしまって　　　♫Track26 ▶

マイ：あ、スペシャルランチに しよ「うかな。

店員：あ、すみません。　スペシャルは 終わってしまって…

マイ：そっか、じゃあ、　Aランチ お願いしま「す。

会話4　昼ごはん食べた？　　　♫Track27 ▶

マイ：昼ごはん 食「べた？

リー：うん、食「べた。弁当 食「べたよ。

31

表2 「〜て」「〜た」「〜ます」「〜う」のアクセント 🎵Track28 ▶

	辞書形	〜て	〜た	〜ます	〜う
丘	○○○○ する おわる	○○○て して おわって	○○○た した おわった	○○○ま⌐す しま⌐す おわりま⌐す	○○○⌐う しょ⌐う おわろ⌐う
山	○○○⌐○ たべ⌐る	○○⌐て た⌐べて	○○⌐た た⌐べた	○○○ま⌐す たべま⌐す	○○○⌐う たべよ⌐う

1) 丘の動詞は、〈○○て〉も〈○○た〉も平らである。
2) 山の動詞は、〈○○て〉も〈○○た〉も〈○⌐○て〉〈○⌐○た〉のようになる。短い場合は〈○⌐て〉〈○⌐た〉のようになる。
3) 〈○○ます〉〈○○う〉は、丘型と山型の区別なく、〈○○ま⌐す〉〈○○⌐う〉となる。(「ます」以外に「ませ⌐ん」「ま⌐した」「ませんでした」「ましょ⌐う」なども同じように丘と山の区別はない)

2.3 「入る」「帰る」のアクセント

会話5 この店入る？ 🎵Track29 ▶

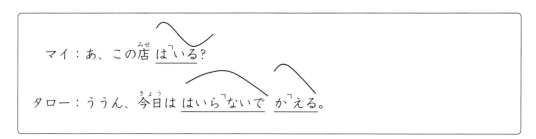

5　動詞のアクセント

表<ruby>3<rt>ひょう</rt></ruby>　−<ruby>3<rt>がた</rt></ruby>型のアクセント　　　　　　　　　♫**Track30** ▶

	<ruby>辞書形<rt>じしょけい</rt></ruby>	<ruby>疑問文<rt>ぎもんぶん</rt></ruby>	〜ない	〜て	〜た
<ruby>山<rt>やま</rt></ruby>	○○￢○○	○○￢○○？	○○○￢ない	○○￢○○て	○○￢○○た
	か￢える は￢いる	か￢える？ は￢いる？	かえら￢ない はいら￢ない	か￢えって は￢いって	か￢えった は￢いった

　「<ruby>入<rt>はい</rt></ruby>る」「<ruby>帰<rt>かえ</rt></ruby>る」は<ruby>山<rt>やま</rt></ruby>の<ruby>動詞<rt>どうし</rt></ruby>ですが、「は￢いる」のように、<ruby>語末<rt>ごまつ</rt></ruby>から3<ruby>拍<rt>はく</rt></ruby>めに<ruby>下<rt>さ</rt></ruby>がり<ruby>目<rt>め</rt></ruby>があるので、−<ruby>3<rt>マイナス</rt></ruby><ruby>型<rt>がた</rt></ruby>と<ruby>呼<rt>よ</rt></ruby>びます。−<ruby>2<rt>マイナス</rt></ruby><ruby>型<rt>がた</rt></ruby>の<ruby>山<rt>やま</rt></ruby>の<ruby>動詞<rt>どうし</rt></ruby>と<ruby>比<rt>くら</rt></ruby>べてとても<ruby>少<rt>すく</rt></ruby>ないです。

　〈○○￢ない〉の<ruby>下<rt>さ</rt></ruby>がり<ruby>目<rt>め</rt></ruby>は−<ruby>2<rt>マイナス</rt></ruby><ruby>型<rt>がた</rt></ruby>の<ruby>動詞<rt>どうし</rt></ruby>と<ruby>同<rt>おな</rt></ruby>じですが、<ruby>辞書形<rt>じしょけい</rt></ruby>〈○￢○○て〉〈○￢○○た〉の<ruby>下<rt>さ</rt></ruby>がり<ruby>目<rt>め</rt></ruby>は、−<ruby>2<rt>マイナス</rt></ruby><ruby>型<rt>がた</rt></ruby>より1<ruby>拍前<rt>はくまえ</rt></ruby>にあります。

3．<ruby>考<rt>かんが</rt></ruby>えてみよう　　　　　　　　　　　☞<ruby>答<rt>こた</rt></ruby>えは p.34

1) つぎの<ruby>動詞<rt>どうし</rt></ruby>の<ruby>辞書形<rt>じしょけい</rt></ruby>、「〜ない」「〜た」が<ruby>丘<rt>おか</rt></ruby>か<ruby>山<rt>やま</rt></ruby>かをOJAD「<ruby>単語検索<rt>たんごけんさく</rt></ruby>」で<ruby>確<rt>たし</rt></ruby>かめてみましょう。

2) <ruby>疑問文<rt>ぎもんぶん</rt></ruby>のイントネーションをスズキクンで<ruby>調<rt>しら</rt></ruby>べてみましょう。

いる（<ruby>丘<rt>おか</rt></ruby>・<ruby>山<rt>やま</rt></ruby>）　いる？　　いない。　　いない？　　いた。　　いた？

いる（<ruby>丘<rt>おか</rt></ruby>・<ruby>山<rt>やま</rt></ruby>）　いる？　　いない。　　いない？　　いた。　　いた？
<ruby>行<rt>い</rt></ruby>く（<ruby>丘<rt>おか</rt></ruby>・<ruby>山<rt>やま</rt></ruby>）　いく？　　いかない。　いかない？　いった。　いった？
<ruby>来<rt>く</rt></ruby>る（<ruby>丘<rt>おか</rt></ruby>・<ruby>山<rt>やま</rt></ruby>）　くる？　　こない。　　こない？　　きた。　　きた？
<ruby>切<rt>き</rt></ruby>る（<ruby>丘<rt>おか</rt></ruby>・<ruby>山<rt>やま</rt></ruby>）　きる？　きらない。　きらない？　きった。　きった？

4．<ruby>練習<rt>れんしゅう</rt></ruby>しよう

　<ruby>表<rt>ひょう</rt></ruby>1〜3や　<ruby>会話<rt>かいわ</rt></ruby>1〜5の<ruby>発音練習<rt>はつおんれんしゅう</rt></ruby>をしましょう。

　「つたえるはつおん」（http://japanese-pronunciation.com）では、<ruby>動画<rt>どうが</rt></ruby>で「<ruby>単語<rt>たんご</rt></ruby>のアクセントを<ruby>調<rt>しら</rt></ruby>べてみよう−OJAD<ruby>単語検索<rt>たんごけんさく</rt></ruby>−」と「<ruby>動詞<rt>どうし</rt></ruby>のアクセントのルールを<ruby>知<rt>し</rt></ruby>ろう」を<ruby>紹介<rt>しょうかい</rt></ruby>しています。

33

5. チェックしよう ☞録音のしかたは p.8

会話1と会話2の発音を録音してみましょう。

〈自己評価〉 丘の動詞のアクセント、山の動詞のアクセントができているか自分で聞いてみましょう。

〈他者評価〉 丘の動詞のアクセント、山の動詞のアクセントができているかほかの人に聞いてもらいましょう。

〈Praat〉 図1や図2を参考にして Praat を使って確認しましょう。

6. 応用練習　答えはどちら？　友だちと話してみましょう。

1) A1：あのう、来「ていただけませんか？
　　　　　　　　　　　　　B1：はい、ぜひうかがいます。
　　A2：あのう、着ていただけませんか？
　　　　　　　　　　　　　B2：ええ、でも、サイズがあ「うかどうか…

2) A1：もうか「える？　　B1：ううん、まだ帰ら「ない。時間き「てないし。
　　A2：もう変える？　　B2：ううん、まだ変えない。まだ新しいし。

3) A1：あれ、読「んだ？　B1：まだ。読「む時間がなくて…
　　A2：あれ、呼んだ？　B2：だれも呼んでな「いよ。

【3. 考えてみよう】の1）の答え　♪Track31

いる（丘）	いる？	いない。	いない？	いた。	いた？
行く（丘）	いく？	いかない。	いかない？	いった。	いった？
来る（山）	く「る？	こ「ない。	こ「ない？	き「た。	き「た？
切る（山）	き「る？	きら「ない。	きら「ない？	き「った。	き「った？

✓CHECK

動詞の2種類のアクセントが　　□わかった　□わからなかった

アクセントルールにしたがって文のイントネーションが
　　　　　　　　　　　　□言えた　□言えなかった　□わからない

コメント：

6 文末イントネーション1

―「か」「ね」「よ」―

① 「か」「ね」「よ」とイントネーションのルールがわかる
② 「か」「ね」「よ」のイントネーションで気持ちが表現できる

1. 聞いてみよう

つぎの会話を聞いて、①②③は「か」のイントネーションでどのような気持ちを表しているか、下のa～eから1つを選んで（　）に書いてみましょう。

会話1　面接、どうでしたか1　　　　　　　　　　　　♬Track32 ▶

たなか：面接、①どうでした<u>か</u>。（　　）
リー　：だめでした。
たなか：②そうです<u>か</u>。（　　）
リー　：なーんて。冗談です。
たなか：③そうです<u>か</u>。（　　）

a. 質問する　b. 残念だ　c. 了解する　d. 疑う　e. 驚く・喜ぶ

文末終助詞には「か」「よ」「ね」などがありますが、上昇調↗、下降調のイントネーション↘で質問や了解などの話し手のいろいろな気持ちを表現します。
①「どうでした<u>か</u>」の「か」を上昇調↗で発音すると、質問になり、下降調↘で発音すると、きびしく質問しているように聞こえることがあります。
②「そうです<u>か</u>」は、だんだん弱く発音して残念な気持ちを表し、③の「そうです<u>か</u>」は「そう」が高くて「か」は低い発音で喜びを表しています。

了解する understand　疑う doubt

DO

2．ルールをおぼえよう
2.1 「か」のイントネーション

会話2　面接、どうでしたか2　　　　　　　　♪Track33 ▶

> たなか：面接、どうでしたか。
> リー：だめでした。
> たなか：そうですか。（残念）

1）質問
「か」を短く上げて発音します。　　　　　　♪Track34 ▶

　　　どうでしたか↗　　　そうですか↗

2）残念
だんだん弱く声も下がります。

　　　そうですか↘

3）了解
「わかりました」という気持ちを表すときには短く下げます。

　　　そうですか↓

4）疑い
一度低く下げて、ゆっくり上げます。

　　　そうですか↘↗

5）驚き・喜び
驚きや喜びの気持ちは、「そう」と「か」の高低の幅で表します。「そ」をとても高く、明るく発音します。

　　　リー　：面接、受かりました！

　　　たなか：そうですか↓

2.2 「ね」のイントネーション

会話3　面接、緊張しましたか　　🎵Track35 ▶

> たなか：面接、緊張しましたか。
> リー：そうですね。（考え中）

1) 考え中　　🎵Track36 ▶
考え中の意味を表すときには、「ね」を平らに長くのばします。感動、感嘆を表すときにも長くのばして言うことがあります。

2) 確認・同意
確認・同意のときは、「ね」を上げます。また、上げて下げる言い方もあります。

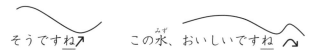

2.3 「よ」のイントネーション

会話4　ごちそうさせてください　　🎵Track37 ▶

> かおる：今日はごちそうさせてください。
> ナターシャ：いいですよ。（NO）

1) 相手に教える　　🎵Track38 ▶
相手が知らないことを教えてあげたり、伝えたりするとき、「よ」を上げて発音します。誘われたとき、「いいですよ↗」と言うと、OKの意味になります。

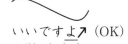

2) 自分の意見を主張する
自分の意見を強く言いたいとき、下げて発音します。誘われたとき、「いいですよ↘」と下げて発音すると、NOの意味になります。

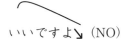

みなさんの国のことばとイントネーションの使い方は同じですか。

3. 考えてみよう　　　　　　　　　　　　　　☞答えは p.40

3.1　つぎの会話を読んで①〜⑤の気持ちを a〜f の中から１つ選んで（　）に書きましょう。つぎに、その気持ちを表すイントネーションを考えて↗のようなマークを［　］に書いてください。

会話5　今度のフェスティバル

```
かおる：今度、フェスティバルをするんです。
ナターシャ：①そうですか。（　）［　］ ②どんなフェスティバルですか。（　）
　　　　　　［　］
かおる：世界各国の料理のお店を出すんです。
ナターシャ：あ、③そうですか。（　）［　］
　　　　　　わたしの国、キルギスの料理もありますか。
かおる：④そうですね。（　）［　］ なかったかもしれないです。
ナターシャ：⑤そうですか。（　）［　］
　　　　　　キルギスの料理があれば、絶対に行くんですが。

a. 質問　　b. 驚く・喜ぶ　　c. 了解　　d. 疑う　　e. 残念　　f. 考え中
```

3.2　「3.1」の会話を聞いてみましょう。イントネーションは、みなさんが考えたものと同じでしたか。　　♪Track39 ▶

4. 練習しよう

「1. 聞いてみよう」と「3. 考えてみよう」の会話の文末イントネーションについて、身体を動かしながら練習してみましょう。

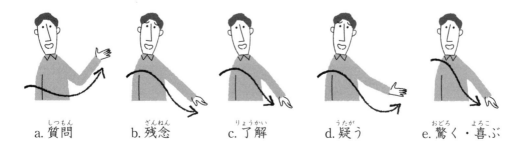

a. 質問　　b. 残念　　c. 了解　　d. 疑う　　e. 驚く・喜ぶ

キルギス Kyrgyzstan

5．チェックしよう　　　　　　　　　　　　　　　☞録音のしかたは p.8

「4．練習しよう」a～eの「そうですか」の発音を録音してみましょう。
〈自己評価〉自分で聞いてみましょう。「そうですか」の意味が区別できていますか。
〈他者評価〉他の人に聞いてもらい、「そうですか」のa～eのどの意味に聞こえるか、
　　　　　　答えてもらいましょう。
　　〈Praat〉　図2を参考にしてPraatで確認しましょう。

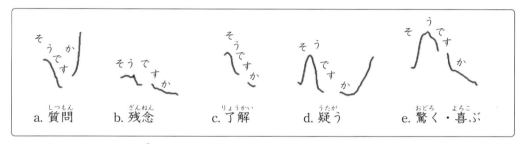

図2 [Praat]　「そうですか」のイントネーション

　図2で確認できるのは声の高さですが、a～eの発音には、高さだけではなく、強さなどほかの声の要素も関わっていますね。気持ちの表し方を工夫してみましょう。

6．応用練習

　ペアで練習してみましょう。「そうですか」「そうだね」「いいですよ」は、気持ちを1つ選んで発音してください。Aさんは、Bさんの気持ちに合った答えを選んで発音しましょう。

1）A：何か食べない？
　　B1：そうだね。(考え中)　　　　　A1：何か約束があるの？
　　B2：そうだね。(同意)　　　　　　A2：どこに行こうか。
2）A：ここは、割り勘にしましょう。
　　B1：いいですよ。(Bが払う)　　　A1：えー、いいんですか～。
　　B2：いいですよ。(割り勘にする)　A2：じゃ、2500円ですね。

同意 agreement　　割り勘 split the bill

3）A：ねえ、知ってた？　山口さん、リカさんとつき合ってるんだって。

B1：え、そう。（残念）　　　　　A1：え、もしかして好きだったの？

B2：え、そう。（驚き）　　　　　A2：え、知らなかったの？

B3：え、そう。（疑い）　　　　　A3：え、どうして？

B4：え、そう。（質問）　　　　　A4：うん。

B5：え、そう。（了解）　　　　　A5：みんな知ってたんだね。

【3．考えてみよう】の答え

会話5　今度のフェスティバル

かおる：今度、フェスティバルをするんです。

ナターシャ：①そうですか。（　c　）[↘]　②どんなフェスティバルですか。（　a　）[↗]

かおる：世界各国の料理のお店を出すんです。

ナターシャ：あ、③そうですか。（　c　）[↘]

わたしの国、キルギスの料理もありますか。

かおる：④そうですね。（　f　）[→]　なかったかもしれないです。

ナターシャ：⑤そうですか。（　e　）[↘]

キルギスの料理があれば、絶対に行くんですが。

✔CHECK

「か」「ね」「よ」とイントネーションのルールが　　□わかった　□わからなかった

イントネーションで気持ちが　　□表現できた　□表現できなかった

□わからない

コメント：..

7 文末イントネーション2
―「じゃない」「よね」「かな」「かね」―

① 「じゃない」「よね」「かな」「かね」の意味とイントネーションのルールがわかる
② 「じゃない」「よね」「かな」「かね」のイントネーションで気持ちが表現できる

1. 聞いてみよう

つぎの会話を聞いて、①②③は「じゃない」のイントネーションでどのような気持ちを表しているか、下のa〜cから1つを選んで（　）に書いてください。

会話1　阿部さんじゃない？　　　♫Track40 ▶

キム：あ、あの人、①阿部さんじゃない？（　　）
ボブ：え、②阿部さんじゃない。（　　）
阿部：こんにちは。阿部です。
キム：やっぱり、③阿部さんじゃない！（　　）

a. 同意を求める　b. 肯定する　c. 否定する

答えは、[① a、② c、③ b] です。
「阿部さんじゃない」の「じゃない」を①上昇調 ↗ で発音すると同意を求める意味になります。②「な」の後で下がると「阿部さんではない」と否定の意味に、③「じゃない」と下降調 ↘ で発音すると「阿部さんだ」と肯定する意味を表します。
「よね」「かな（かなあ）」「かね」は、主張「よ」確認「ね」質問「か」疑問の共有の「な」のそれぞれの意味が入っています。

同意を求める seek agreement　確認する confirm　肯定する affirm　否定する negate

2．ルールをおぼえよう

2.1 「じゃない」のイントネーション　　🎵**Track41** ▶

1）同意を求める

　阿部さんかどうか自信がないので相手に聞いて同意を求めるとき、図1のように「ない」で声が上がります。

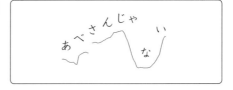

図1［Praat］同意

もしかして、阿部さんじゃない？↗

「阿部さんじゃない？」と言うこともあります。

2）否定

「阿部さんではない」と否定の意味を表すとき、図2のように「な」があがりその後下がります。

図2［Praat］否定

違うよ。阿部さんじゃない。↘

3）肯定

「阿部さんだ」と肯定の意味を表すとき、「じゃない」が図3のように下降調になります。図2のように「な」が高くなりません。

図3［Praat］肯定

やっぱり、阿部さんじゃない。↘

2.2 「よね」のイントネーション

「阿部さんだ」ということに自信があるけれど、相手に同意を求めたり、確認するとき、「よ」で下がり「ね」で上がります。

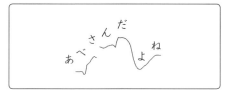

図4 [Praat] 同意・確認要求

絶対、阿部さんだよね。↗

2.3 「かな（かなあ）」のイントネーション

質問に答えるかどうか相手に判断をまかせ、疑問を相手と共有する立場をとるとき、「な」の部分が↗と上がるか「なあ」⌒と最後が下がります。

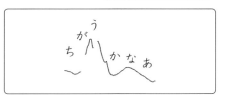

図5 [Praat] 疑問の共有

阿部さんじゃないかな。↗　違うかなあ。⌒

2.4 「かね（かねえ）」のイントネーション

確信がないので、確認するときに使います。相手に積極的に問いかけるときは「ね」↗と声が上がり、自分に問いかけるときは「ね（ねえ）」↘と下がります。

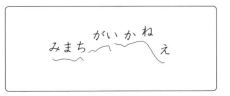

図6 [Praat] 確認

見間違いかねえ。↘

コラム

会話のはじめに「あ、阿部さんじゃない」のように「あ」や「え」などを入れると会話が自然になります。

共有する share　確信 certainty

3．考えてみよう　　　　　　　　　　　　　　☞答えは p.46

3．1　会話2の①～④に「じゃない」「よね」「かな（あ）」「かね」から選んで書いてください。つぎにイントネーションに気をつけて言ってみましょう。

会話2 「来週？　再来週？」

マイ：先生、私たちのグループ発表は、来週です①＿＿＿＿＿＿。

先生：え、再来週②＿＿＿＿＿＿。先週、言ったでしょ？

マイ：あ、はい…　来週③＿＿＿＿＿＿と思っていました。

先生：じゃ、来週でも いいです④＿＿＿＿＿＿。

マイ：あ、はい…

3．2　「3．1」の会話2を聞いてみましょう。みなさんが考えたものと同じでしたか。

会話2　♬**Track45** ▶

4．練習しよう

まず、会話1と会話2を発音してみましょう。

会話1　♬**Track40** ▶
会話2　♬**Track45** ▶

つぎに、モデル音声を聞きながら、会話1と会話2をシャドーイングします。練習前に録音をしておくと、練習後の発音と比べてどこが上手になったかを確認することができます。

p.14の表にあるように、目的に合わせて①パラレルリーディング→②シャドーイング→③リピートなど、練習方法を決めるといいですね。

44

5．チェックしよう　　　　　　　　　　　　　　☞録音のしかたは p.8

会話1と会話2の発音を録音してみましょう。

〈自己評価〉　文末イントネーションができているか、聞いてみましょう。
〈他者評価〉　文末イントネーションができているか、ほかの人に聞いてもらいましょう。
〈Praat〉　　会話1は図1〜図3を参考にして Praat で確認しましょう。

6．応用練習

1）ペアで練習してみましょう。「阿部さんじゃない」は、気持ちを1つ選んで発音してください。Bさんは、Aさんの気持ちに合った答えを選んで発音しましょう。

A1：阿部さんじゃない？↗　　B1：違うよ。絶対違うよ。

A2：阿部さんじゃない。↘　　B2：そうかなあ。阿部さんだと思った。

A3：阿部さんじゃない。↘　　B3：ほんとだ！

２）下線に注意して練習してみましょう。

会話3　夫婦の会話　　　　　　　　　　　　　　　♫**Track46** ▶

妻：何時に帰ってくるの。

夫：7時ぐらい<u>かな</u>。

妻：先週もそう言ったけど遅かった<u>よね</u>。

夫：ああ。

妻：また遅いん<u>じゃない</u>？

夫：早く帰るって言った<u>じゃないか</u>。

　　そんなに信じられないの<u>かね</u>。

３）実際のドラマやアニメを見て、どのような文末イントネーションが使われているか確認してみましょう。

【3．考えてみよう】の答え

マイ：先生、私たちのグループ発表は、来週です①<u>よね</u>↘。

先生：え、再来週②<u>じゃない</u>↗。先週、言ったでしょ。

マイ：あ、はい…　来週③<u>かな</u>↗と思っていました。

先生：じゃ、来週でもいいです④<u>かね</u>↗。

マイ：あ、はい…

　これは4種類のイントネーションを使った例ですが、答えは1つではありません。例えば、②には「よね」、③には「じゃない」、④には「よね」が入ることもあります。

✓CHECK

「じゃない」「よね」「かな」「かね」とイントネーションのルールが

　　　　　　　　　　　　　□わかった　□わからなかった

イントネーションで気持ちが　□表現できた　□できなかった　□わからない

コメント：..

46

8 リズム1
―のばす音・小さい「っ」・「ん」―

①日本語のリズムのルールがわかる
②リズムに注意しながら発音ができる

1. 聞いてみよう　　　　　　　　　　　　　　　♪Track47 ▶

つぎの会話を聞いて、①〜⑩にあてはまることばを下のa〜dから1つ選んでください。

会話　すみません、書いてください

田中：これは、①_____です。
キム：え？②_____ですか。
田中：いえ、③_____じゃありません。④_____です。
キム：すみません。⑤_____ですね。
田中：違います。⑥_____でも⑦_____でもなくて、
　　　⑧_____です。
キム：⑨_____？⑩_____？すみません。書いてください。

a. おばさん　b. おおばさん　c. おばあさん　d. おおおばさん

答えは、[①b ②a ③a ④b ⑤c ⑥a ⑦c ⑧b ⑨d ⑩b] です。
「お」の長さ、「ば」の音の長さが違いますね。日本語では、のばす音、小さい「っ」、「ん」がほかの音と同じように1拍分の長さを持っています。また、のばす音ではないのにのばしたり、「っ」がないのに「っ」が入ったりすると、意味が変わることがあります。

47

2. ルールをおぼえよう　　　　　　　　　　　♬Track48 ▶

　日本語は、かな1つをだいたい同じぐらいの長さで発音します。「タタタ」「タタタタ」を頭の中でイメージしながら発音してみましょう。

タタタ：えいご　すうじ　きって　ざっし　かんじ　さんま

タタタタ：ざんねん　こんばん　おとうと　コーヒー　あさって

　拍の長さを記号であらわす方法があります。長い音、小さい「っ」、「ん」の発音があるとき、前の音といっしょにして「⌣」を書きます。ほかの短い音は「・」と書きます。

例　　ビル　　ビール　　おと　　おっと　　こま　　コンマ
　　　・・　　⌣・　　　・・　　⌣・　　　・・　　⌣・

3. 考えてみよう　　　　　　　　　　　☞答えは p.52

3.1　つぎのことばはどのように記号を書きますか。「⌣」と「・」で書きましょう。書いたら、記号をなぞって発音してみてください。

1）おばさん

2）おおばさん

3）おばあさん

4）おおおばさん

5）自分の国や地域・名前

なぞる trace

3.2 つぎの発音AとBの音の違いを身体で表現するなら、どのように表現しますか。手や足、頭などを自由に動かして自分の感覚を表現してみましょう。

♬Track49

A	B
ビル　building	ビール　beer
おと　sound	おっと　husband
こま　top	コンマ　comma

1) このビルは / このビールは高いですか
2) おとが / おっとが最高です
3) こまを / コンマを書いてください

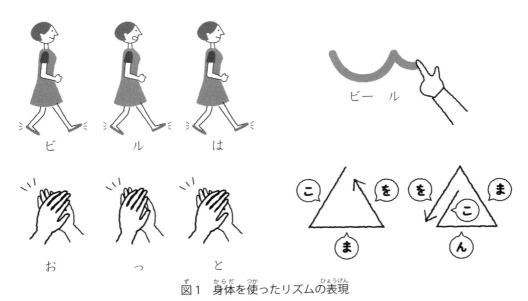

図1　身体を使ったリズムの表現

＊単語と助詞の間で休んだり、のばしたりしないで、「ビル、おと、こま」「ビルが、おとが、こまが」のように続けて発音するのがポイントです。

4．練習しよう

4.1　同じことばを3回繰り返して発音してみましょう。①タタタを頭の中でイメージする方法、②身体を動かす方法、③記号「・‿」を書く方法の中でどれが拍の感覚をつかみやすいですか。練習しながらさがしてみましょう。

♪Track50 ▶

1）きて　きて　きて

2）きって　きって　きって

3）きいて　きいて　きいて

4）みてて　みてて　みてて

5）みてって　みてって　みてって

6）もってて　もってて　もってて

7）もってって　もってって　もってって

4.2　ペアで発音してみましょう。A1と聞こえたらB1の答えを、A2と聞こえたら、B2の答えを言ってください。

♪Track51 ▶

1）A1：ちょっと　来てください。　　　B1：はい、何ですか。
　　　　　Come here please.
　　A2：ちょっと　きってください。　　B2：どこを　切りますか。
　　　　　Cut this please.

2）A1：ちょっと　着てください。　　　B1：はい、どれですか。
　　　　　Put this on please.
　　A2：ちょっと　きいてください。　　B2：はい、何ですか。
　　　　　Listen to this please.

3）A1：これ、みてて。　　　　　　　　B1：うん、みているよ。
　　　　　Look at this.
　　A2：これ、みてって。　　　　　　　B2：じゃ、すこしだけみていくよ。
　　　　　Look at this and go.

4）A1：これ、もってて。　　　　　　　B1：うん、ここにいるね。
　　　　　Hold this.
　　A2：これ、もってって。　　　　　　B2：うん、さきにいくね。
　　　　　Take this.

50

5．チェックしよう　　　　　　　　　　　　　☞録音のしかたは p.8

　A「みてて」とB「みてって」、C「もってて」とD「もってって」の発音を録音してみましょう。

〈自己評価〉　自分で聞いてみましょう。リズムはできましたか。
〈他者評価〉　ほかの人にAとB、CとDのどちらに聞こえたか、聞いてもらいましょう。
〈Praat〉　　 Praatの波形を見て、音の長さを確認しましょう。例えば、Track50
　　　　　　の4）～7）はつぎのように波形を確認することができます。

A　みてて
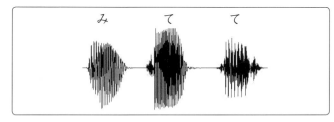

B　みてって
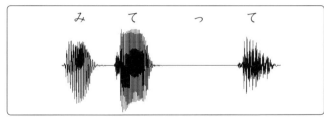

　A「みてて」とB「みてって」のリズムの違いは、Praatの波形を見るとよくわかります。小さい「っ」の長さ /t/ は、/mi/ や /te/ と同じぐらいの長さがあります。

C　もってて
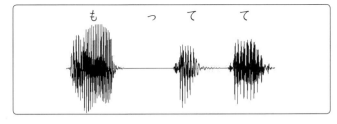

D　もってって
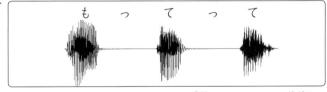

C「もってて」とD「もってって」のリズムの違いもPraatの波形でわかりますね。

6．応用練習

6．1　「3.2」で考えた身体の動きを使って自分の名前を発音してください。聞いた人も同じように身体を動かして相手の名前を確認しましょう。

A　　：わたしは＿＿＿名前＿＿＿です。

B　　：あ、＿＿＿名前＿＿＿さんですか。

〈Yes〉A1：はい、そうです。よろしくお願いします。

　　　　B1：よろしくお願いします。

〈No〉　A2：いいえ、違います。＿＿＿名前＿＿＿です。

　　　　B2：すみません。＿＿＿名前＿＿＿さんですか。

6．2　「1．聞いてみよう」の会話をリズムに注意して読んでみましょう。

[早口言葉 Tongue twister]　　　　　　　　　　　♫**Track52** ▶

1）なまむぎ　なまごめ　なまたまご

2）とうきょうとっきょ　きょかきょく　きょかきょくちょう

3）ぼうずが　びょうぶに　じょうずに　ぼうずの　えをかいた

4）となりのきゃくは　よくかきくうきゃくだ

5）かえるぴょこぴょこ　みぴょこぴょこ　あわせてぴょこぴょこむぴょこぴょこ

【3．考えてみよう】の答え

3．1　1）おばさん　2）おおばさん　3）おばあさん　　4）おおおばさん

「つたえるはつおん」（http://japanese-pronunciation.com）では、「自分のリズムを確認しよう－音声分析ソフト Praat を使った練習」をはじめ「リズム」の練習方法を動画で紹介しています。

✓CHECK

リズムのルールが　　□わかった　□わからなかった

リズムに注意しながら発音が　　□できた　□できなかった　□わからない

コメント：..

9 リズム2
－単語や川柳のリズムパターン－

 ①単語や川柳のリズムパターンがわかる
②速さに合わせてリズムがコントロールできる

1. 聞いてみよう
🎵Track53

1.1 川柳はどのようなリズムを感じますか。
1) やせたかな　鏡の前で　息止める
2) つかれたな　思わず声が　どっこいしょ
3) 腹へった　お腹鳴るけど　まだ10時
4) 何着よう　服があるのに　服がない
5) おいしいな　食べると太る　でも食べる

「タタタ…」と声に出してみると、「タタタタタ、タタタタタタ、タタタタタ」というリズムになります。

1.2 同じリズムパターンの3つの単語を読みます。そのリズムパターンはaからcのどれですか。どれか1つに○を書いてください。
🎵Track54

1) a. タタタ　　b. タタンタ　　c. タンタンタ
　　・・・　　　 ・‿・　　　 ‿・‿・

2) a. タタタ　　b. タタンタ　　c. タンタンタ
　　・・・　　　 ・‿・　　　 ‿・‿・

3) a. タタタ　　b. タタンタ　　c. タンタンタ
　　・・・　　　 ・‿・　　　 ‿・‿・

答えは［1) b, 2) a, 3) c］ですね。
音の長さには長短があり、同じパターンがくり返されるとリズムを感じます。今回は8課で勉強した拍より少し長い単位のリズムパターンを使って発音の練習をしましょう。

2．ルールをおぼえよう

　英語はモールス信号リズム、日本語はマシンガンリズムと言われます。マシンガンというと、ダダダ…のように同じ長さの音が続くイメージですね。

2.1　リズムパターン1

　日本語の川柳は、拍数が5・7・5でできているとても短い詩です。俳句に似ていますが、川柳は俳句より規則が厳しくなく、自由に作ることができます。

　のばす音、小さい「っ」、「ん」の発音、「きゃ」などの拗音はすべて1拍と数えます。

🎵Track55 ▶

　　はちあわせ　夫と彼氏　おっとっと
　　おばさんは　年をとったら　おばあさん
　　かばんどこ？　満員電車で　ありゃりゃりゃりゃ
　　うれしくて　ぴょんぴょんはねる　合格だ

2.2　数字のリズム

　数字を続けて発音するとき、1拍の数字の音をのばして2拍で発音します。1拍の数字には、「2（に）、4（し）、5（ご）、9（く）」があります。この数字が「2（にー）、4（しー）、5（ごー）、9（くー）」になります。ただし、4と9は「しー」「くー」ではなくて「よん」「きゅう」を使うこともあります。

🎵Track56 ▶

　　せんりゅうは　575の　あそびです　（ごーしちごー）
　　にんずうを　246と　かぞえるよ　（にーしーろく）

　この言い方は、川柳だけでなく、電話番号を言うときにも使います。

　　電話番号は、020-2455-1265 です。

🎵Track57 ▶

　　（ぜろにーぜろの　にーよんごーごーの　いちにーろくごー）

モールス信号 Morse code　マシンガン machine gun

9　リズム2

2.3　リズムパターン2
　単語や文のリズムパターンは、長短の組み合わせで決まります。
　まず、「タン（◡）」のリズムを書きます。「タン」は、のばす音、小さい「っ」、「ん」とその前の音を合わせたリズムです。つぎに「タ（・）」のリズムを書きます。数字をなぞったり、手をたたいたり、音のイメージを覚えて発音したりして練習することができます。「聞いてみよう1.2」はつぎのように発音しています。

♬**Track58** ▶

1）タタンタ　　こどうぐ　　じはんき　　モロッコ
　・◡・　　・◡・　　・◡・　　・◡・

2）タタタ　　やみよ　　かかし　　はてな　　あたま
　・・・　　・・・　　・・・　　・・・　　・・・

3）タンタンタ　しょうこうしゅ　かんしんじ　かっぽうぎ　とうきょうと
　◡◡・　　◡◡・　　◡◡・　　◡◡・　　◡◡・

3. 考えてみよう
3.1　知っていることばの中から、同じリズムパターンのことばを2.3の1）〜3）のように5つずつ考えましょう。

a. タ　タ　　・　・

b. タタン　　・◡

c. タンタ　　◡・

d. タンタン　◡◡

e. タタタ　　・・・

f. タンタタン　◡・◡

g. タンタタ　◡・・

h. タンタンタン　◡◡◡

55

3.2　つぎの下線部に、拍数にあった表現を自由に入れて川柳を作りましょう。

1．おいしいな　＿＿＿＿＿＿＿　＿＿＿＿＿＿＿

2．＿＿＿＿＿　＿＿＿＿＿＿＿　ありゃりゃりゃりゃ

3．＿＿＿＿＿　ぴょんぴょんはねる　＿＿＿＿＿＿＿

4．練習しよう

　メトロノームに合わせて発音の練習をしてみましょう。メトロノームの音と同時に2拍分を同じ間隔で発音するのがコツです。▼は、メトロノームの音です。メトロノームを聞きながら、記号に合わせて発音の練習をしてみましょう。　♬**Track59** ▶

▼　▼　▼　▼　▼　▼　▽　▽　▼　▼　▼　▼　▼　▼　▽　▽

モロッコ　ネパール　ウガンダ　　＿＿＿＿＿　＿＿＿＿＿　＿＿＿＿＿

▼　▼　▼　▼　▼　▼　▽　▽　▼　▼　▼　▼　▽　▽

トルコ　　アテネ　　マニラ　　　＿＿＿＿＿　＿＿＿＿＿　＿＿＿＿＿

▼　▼　▼　▽　▼　▼　▼　▼　▽　▼　▼　▼　▽

ポーランド　　ニューヨーク　　　デンマーク

▼　▼　▼　▽　▼　▼　▼　▼　▼　▼　▼　▽　▽　▽　▽　▽

＿＿＿＿＿　　＿＿＿＿＿　　＿＿＿＿＿

▼　▼　▼　▽　▼　▼　▼　▼　▼　▼　▽

やせたかな　　かがみのまえで　いきとめる

▼　▼　▼　▽　▼　▼　▼　▼　▼　▼　▽

　できましたか。メトロノームの音1つに2つの拍が均等に言えるように練習しましょう。「1.2」や「3.1」の単語を使って練習してみましょう。

メトロノーム metronome

5. チェックしよう　　　　　　　　　　　☞録音のしかたは p.8

「1.1」「3.2」の川柳を読んで録音してみましょう。

〈自己評価〉　自分で聞いてみましょう。5・7・5のタタタタタのリズムを感じましたか。

〈他者評価〉　ほかの人に聞いてもらいましょう。

〈Praat〉　　Praatのスペクトログラムを見て、川柳のリズムを確認しましょう。Track53の1）は図1のように確認することができます。

「1.1」の1）やせたかな　かがみのまえで　いきとめる

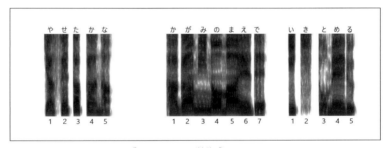

図1 [Praat]　川柳のリズム

　図1のスペクトログラムを見ると、縦にだいたい同じ太さの線が並んでタタタタタ…（12345…）となっていることがわかりますね。

6. 応用練習　　　　　　　　　　　　　　♪Track60

日本の歌「おちゃらか」を歌いながら、手遊びをしてみましょう。

せっせっせーの　　　　　　　　　　　よいよいよい

①2人で両手をつないで上下に手をふります。②両手をクロスさせて上下にふります。

両手をつなぐ hold both hands　クロスする cross

③「おちゃ」の時、右手で自分の左手をたたき、「らか」で相手の左手をたたき、3回くり返します。

④「おちゃらか」は③の動きをして、「ほい」の時に、じゃんけんをします。

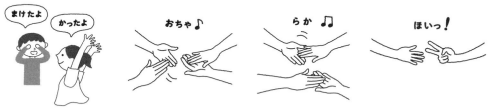

⑤「おちゃらか」は③の動きをして④でじゃんけんに勝った人は「勝ったよ」と言って両手を上げ、負けた人は「負けたよ」と言って泣く真似をします。

⑥「おちゃらか」は③の動きをして「ほい」で、じゃんけんをします。

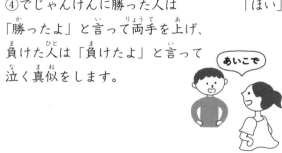

　じゃんけんで同じものを出した場合は、「おちゃらかあいこで」と言いながら、両手を腰に当てます。このように⑤と⑥をくり返して、間違えた人が負け、という遊びです。

　「つたえるはつおん」(http://japanese-pronunciation.com) では、「手遊び」について動画で紹介しています。

✓CHECK

単語や川柳のリズムパターンが　　□わかった　□わからなかった

速さに合わせてリズムが　　□言えた　□言えなかった　□わからない

コメント：..

10 母音と子音
－発音のしくみ－

①発音するときの口や舌の動きがわかる
②口や舌の動きをコントロールして発音できる

1．聞いてみよう
　ＡとＢはどちらが正しいですか。下線に注意しながら聞いてください。

♬Track61

1）し<u>つ</u>れいします
2）<u>しゃ</u>しんをとってください。
3）こ<u>ん</u>にちは。ま<u>ん</u>いんです。
4）おどりましょう。
5）おはようご<u>ざ</u>います。
6）<u>た</u>んごがわかりません。

　答えは、[1) A、2) B、3) A、4) A、5) B、6) B] ですね。
　母音と子音は、a.口の開き方、b.舌の位置、c.声の出し方によって違う発音に聞こえることがあります。ここでは、a.b.c.を意識しながら練習しましょう。

　「あ、え、あ、え…」「い、お、い、お…」と言ってみましょう。どこが動いていますか。口の開きが違うことは、すぐにわかるでしょうか。
　舌を歯の後ろにつけてください。そのまま少しずつ上あごをすべらせるように舌を奥に動かしてみましょう。とつぜん、やわらかくなるところがありましたか。そこは専門用語で軟口蓋と言いますが、舌の奥と軟口蓋をつけて、kやgの音を出しています（図3）。

舌 tongue　軟口蓋 soft palate

2．ルールをおぼえよう
自分の口の開き方と舌の動きを確認しましょう。鏡で確認してください。

1）母音「あいうえお」を2種類の言い方で言ってみましょう
　①自然な言い方の「あいうえお」
　日本語はあまり口を開けないと言われていますが、個人差があります。
　②口を大きく開けて言う「あいうえお」
　遠くにいる人に伝えるような気持ちで、はっきり口を動かして言ってみましょう。
はっきり言ってみると、口の開きや舌が動いているのがわかりますね。
　下の図は、顔を左から見た断面図です。五角形は舌の動きです。口が開けば、舌は下がり、口の開きが小さくなれば舌も盛り上がります。

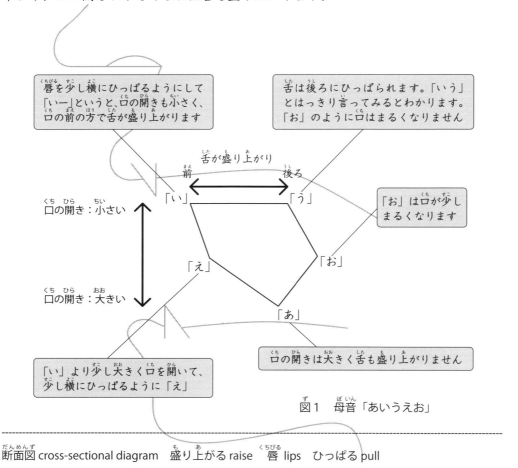

図1　母音「あいうえお」

断面図 cross-sectional diagram　盛り上がる raise　唇 lips　ひっぱる pull

2）い段と拗音（「き・きゃ・きゅ・きょ」など）

　Aの舌は盛り上がっています。い段や拗音はこのようになります。Bはそれ以外（あうえお段）のときの舌です。盛り上がっているかいないかが違います。

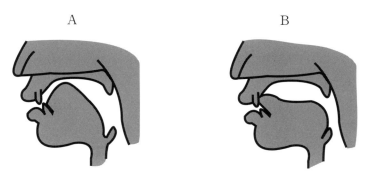

図2　Aい段・拗音とBそれ以外の舌の形

（『音声を教える』（国際交流基金、2009、ひつじ書房）より作成）

3）子音「か（が）行、た（だ）行、な行、ま行、ら行」

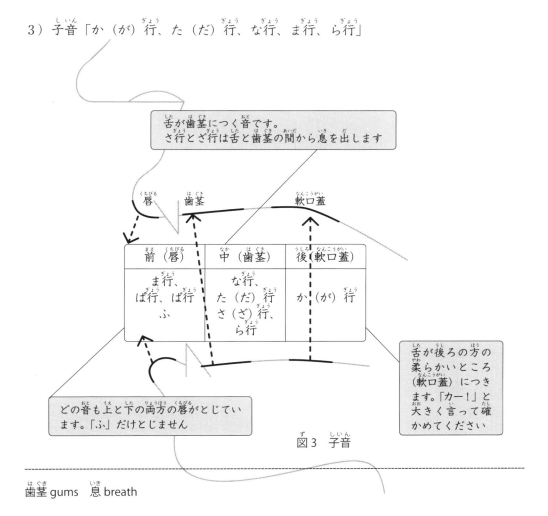

図3　子音

歯茎 gums　息 breath

4）有声と無声

[t] と言ってみましょう。[t] を発音するとき、のどはふるえません。そのまま [t] の後に [a] と続けてみましょう。その音が「た」です。[d] を発音するとき、のどがふるえます。そのまま [a] をつけてみましょう。「だ」の発音になります。無声子音 [p,t,k,s,h] はのどがふるえませんが、有声子音 [b,d,g,z] はのどがふるえます。のどに手を当てて確かめてみましょう。

5）鼻音

[m] と [n] は息が鼻から出ます。鼻をつまんで確かめてみましょう。助詞「が」も鼻音で発音することがあります。

3. 考えてみよう　　　　　　　　　　　　　　☞答えは p.64

「1. 聞いてみよう」のＡとＢはどう違うのか、「2. ルールをおぼえよう」の図を見ながら発音して確かめてみましょう。

4. 練習しよう

1）遠くの人に聞こえるようにはっきり言ってみましょう。

♬**Track62** ▶

あえいうえおあお	かけきくけこかこ	させしすせそさそ
たてちつてとたと	なねにぬねのなの	はへひふへほはほ
まめみむめもまも	やえいゆえよやよ	られりるれろらろ
わえいうえをわを	がげぎぐげごがご	ざぜじずぜぞざぞ
だでぢづでどだど	ばべびぶべぼばぼ	ぱぺぴぷぺぽぱぽ

2）言いにくい音をリズムよく言ってみましょう。

♬**Track63** ▶

おつかれ	しつれい	たちつてと	こんやく	コニャック	にゃにゅにょ
こどもが	ころんだ	だぢづでど	りょこうだ	よやくだ	りゃりゅりょ
せんねん	せんえん	さしすせそ	きつつき	くっつく	たちつてと
らくだが	ならんだ	らりるれろ	しらない	しなない	なにぬねの
そうぞう	しょうじょう	ざじずぜぞ	ペットか	ベッドか	ぱぴぷぺぽ
ざらざら	じゃらじゃら	じゃじゅじょ	ゆうめい	ゆめみた	やいゆえよ
せっけん	ゼッケン	ざしずぜぞ	しゅりけん	しゅうりで	しゃしゅしょ

5. チェックしよう　　　　　　　　　　　　　☞録音のしかたは p.8
「4.練習しよう」の1）2）の発音を録音してみましょう。

〈自己評価〉自分で聞いてみましょう。苦手な音はどれでしょうか。その音の口の開き、舌の位置にはどんなポイントがありますか。発音しながら確かめましょう。

1）母音の場合のポイント
　①口が（小さく・中ぐらいに・大きく）開いている
　②舌が（盛り上がっている・少し盛り上がっている・盛り上がっていない）
2）子音の場合のポイント
　①息が（口・鼻）から出る
　②舌がどこかについて（いる・いない）
　　（歯茎・上あごの後ろのほう）に（ついている・近づいている）
　③のどがふるえているか、ふるえていないか（有声・無声）

〈他者評価〉ほかの人に何と聞こえたかを書いてもらいましょう。

6. 応用練習
早口言葉をはっきり言ってみよましょう。だんだんはやく言うようにしてみましょう。はやく、でもていねいに1つ1つの音を言えますか？　♪Track64 ▶

1）「た行」「っ」の練習
　豚が豚をぶったら、ぶたれた豚が　ぶった豚をぶったので、
ぶった豚と　ぶたれた豚が　ぶっ倒れた
2）「さ行」「しゃ行」の練習
　　新進シャンソン歌手　総出演　新春シャンソンショー
3）「ら行」「な行」の練習
　　老若男女

有声 voiced　無声 voiceless

【3. 考えてみよう】の答え

1）Bは「しちゅれいします。」と、「つ」が「ちゅ」のように聞こえます。「つ」は「す」と同じ口の形で発音しますが、一度歯の後ろに舌をつけてからすぐに「す」を発音します。「つ」の舌は図2Bのように、「ちゅ」は図2Aのようになります。

2）Aは「さすぃんをとってください」と、「しゃ」が「さ」に、「し」が「すぃ」に聞こえます。「さ」「すぃ」の舌は図2Bのようになっていますが、「しゃ」「し」は図2Aのように舌が盛り上がります。

3）Bは「こんにちは konnichiwa」が「こにちは konichiwa」のように聞こえます。「ん」の長さが短いので、1拍分のばします。「ん」の後ろに母音がくるとき、舌がどこにもつかない音になります。「まんいん」は「まーいん」と発音するように舌をどこにもつけないで発音しましょう。

4）Bは「おどりましょう」が、「おどにましょう」のように聞こえます。日本語の「ら」は舌先が軽く歯茎にふれるだけのはじき音です。「に」は鼻をつまむとプレッシャーを感じますが、「り」はプレッシャーを感じません。ら行は、人によっては [l] で発音する場合があるなど、バリエーションがある発音です。

5）Aは「おはようごじゃいます」と、「ざ」が「じゃ」のように聞こえます。「ざ」は、「さ」と口の形が同じです。図2Aのように舌が盛り上がると、「じゃ」のように聞こえるので注意しましょう。

6）Aは「たんご」が「だんご」となっていて「た」が「だ」のように聞こえます。

　「つたえるはつおん」（http://japanese-pronunciation.com）では、「ざ行」「つ」「な行音・ら行音」「か・が」「た・だ」の練習方法を動画で紹介しています。

✓CHECK

発音するときの口や舌の動きが	☐わかった　☐わからなかった
口や舌の動きのコントロールが	☐できた　☐　できなかった
	☐わからない

コメント：...

11 音の変化
ー男女差・方言差ー

PLAN
①話しことばにおける音の変化がわかる
②男女差・方言差の音の変化に慣れる

1. 聞いてみよう　　①♪**Track65**　▶　②♪**Track66**　▶

　　　　　　　　　　　　　　　③♪**Track67**　▶

　つぎの①〜③の会話は、女性のことば、男性のことば、関西の方言のうち、どのことばで話しているでしょうか。1つに○をつけましょう。また、それはどんな発音や表現でそう思ったのか、理由を書いてください。

　　　　　　　ことば　　　　　　　　　　　　　　　理由
① （女性・男性・関西）　..
② （女性・男性・関西）　..
③ （女性・男性・関西）　..

会話1　露天風呂

A：わ、露天ですね。すごい。

B：こんなところ、どうやって見つけたの。

A：ネットで見つけた…あつい！

B：もうあがりますか。

A：あつくて入ってられなくて…

　答えは［①男性②関西③女性］ですね。
　話しことばでは、「あがるの」を「あがんの」のように、音を変化させて言うことがあります。音の変化のルールがわかると、ことばの意味がつかみやすいですね。

露天風呂 outdoor themal pool

65

2. ルールをおぼえよう

2.1 話しことばにおける音の変化

話しことばでは、つぎのように音が変化することがあります。ここでは、「1. 聞いてみよう」で出てきた表現をもとに、よく使われる音の変化、および男女の表現を紹介します。

会話2　女性たちの会話　♪Track67

A：わ、露天じゃん¹。すごい。
B：こんなとこ⁹、どうやって見つけたの。
A：ネットで見つけたの…あつっ！
B：もうあがんの³。
A：あつくて入ってらんないわよ。³,⁴

会話3　男性たちの会話　♪Track65

A：お、露天じゃん¹。すげえ⁵。
B：こんなとこ⁹、どうやって見つけたの。
A：ネットで見つけた…あちっ²！
B：もうあがんの³。
A：あつくて入ってらんねーよ。³,⁴,⁵

女性の会話、男性の会話の下線部は、音が変化したところです。数字は表1の「話しことばにおける音の変化」のルールに対応しています。

表1　話しことばにおける音の変化

	ルール	もとの言い方	変化した形
1	じゃない→じゃん	ビールじゃない！	ビールじゃん！
2	ui→ii（男性的）	ねむい nemui かるい karui	ねみい nemii かりい karii
3	ら、り、る、れ→ん	あがるの 入っていられないよ	あがんの 入っていらんないよ
4	ている→てる	入っている 食べていた	入ってる 食べてた

5	ai, oi → ee （男性的）	わからない nai すごい sugoi おもしろい omoshiroi	わからねえ nee すげえ sugee おもしれえ omoshiree
6	てしまった・でしまった →ちゃった・じゃった	みがいてしまった しんでしまう	みがいちゃった しんじゃう
7	と、は →って	無添加と書いてある 日本語は難しい	無添加って書いてある 日本語って難しい
8	ければ →きゃ／けりゃ	飲まなければ大丈夫	飲まなきゃ大丈夫、 飲まなけりゃ大丈夫
9	その他	それは ところ	そりゃ とこ

ほかにも聞いたことがあることばはありますか。

　日本語の場合、男女差は終助詞にあらわれることが多いです。終助詞とは、「そうですか」の「か」「よ」「ね」など、文の最後に来ることばで、質問や説明、確認などの意味を表します。表1の中で、男性的なことばは、表にあるすべての終助詞を使うことができます。個人差はありますが、女性的なことばでは、枠内の強さの程度が弱い表現を使う傾向があるようです。

表2　終助詞と主張・確認の強さ

	主張	確認
強い	ぞ	
	ぜ	な＊
	さ	
	よ	ね
	わ	
弱い	の	の

■表現例

〈男性〉

1）行くぞ／行くぜ／行くさ

2）行くんだよ

3）行くんだな

4）そうだね

〈女性〉

　行くよ／行くわよ

　行くんだよ／行くのよ

　行くのね

　そうだね／そうね

＊終助詞「な」は疑問の共有（p.43）以外にも「確認」「禁止」などの意味で使われます。

無添加 no additive　主張 insistence

2.2　方言による音の変化

　日本には、多くの方言があります。お笑いなどのテレビ番組では、関西の方言を聞くことも多いでしょう。ここでは、「1．聞いてみよう」で出てきた表現をもとに、よく使われる表現を紹介します。

会話4　関西の方言　　　　　　　　　　　　　　♬Track66 ▶

> A：わ、露天やん¹。ええなあ²。
> B：こんなとこ、どうやって見つけたん³。
> A：ネットで…あつっ！
> B：もうあがるん³。
> A：あつうて⁵入ってられへんわ⁴。

　上の会話の下線部は、音が変化したところです。数字は表3の「関西方言による音の変化」のルールに対応しています。

表3　関西方言による音の変化

	ルール	もとの言い方	変化した形
1	だね→やん	露天だね	露天やん
2	いい→ええ	いいねえ	ええなあ
3	の→ん	見つけたの あがるの	見つけたん あがるん
4	ない→へん・ん	入っていられない 死ぬかもしれない	入ってられへん 死ぬかもしれん
5	くて→うて	あつくて	あつうて
6	だった→やった	ハンドクリームだった	ハンドクリームやった
7	その他	しまった 大丈夫だよ そうだね	しもうた 大丈夫やで そうやわな

方言 dialect

68

11 音の変化

3. 考えてみよう　　　　　　　　　　　　　　　☞答えは p.70

つぎの会話は女性のことば、男性のことばで、どのように音が変化するでしょうか考えてみましょう。

会話5　歯みがき粉だと思ったら

> A：あ、しまった！　歯みがき粉だと思ったら、ハンドクリームだった。
> B：みがいてしまったんですか。
> A：はい。どうしましょう。死んでしまうかもしれません。
> B：無添加と書いてありますし、飲まなければ大丈夫ですよ。
> A：それはそうですね。

A：

B：

A：

B：

A：

音声を聞いて、確認してみましょう。　　　　女性　♬Track68　▶
　　　　　　　　　　　　　　　　　　　　　　男性　♬Track69　▶

4. 練習しよう

好きな会話を選んで、シャドーイングしましょう。練習前に録音をしておくと、練習後の発音と比べてどこが上手になったかを確認することができます。

p.14の表にあるように、目的に合わせて①パラレルリーディング→②シャドーイング→③リピートなど、練習方法を決めるといいですね。

歯みがき粉 toothpaste

69

5．チェックしよう ☞録音のしかたは p.8

シャドーイングでの練習の前後に録音し、聞き比べてみましょう。発音のどこがどのように変わりましたか。あるいは、あまり変わっていませんか。

6．応用練習

YouTube などで好きなドラマや CM、アニメ、ニュースなどを選び、その一部をシャドーイングで練習してみましょう。

【3．考えてみよう】の答え

会話5　女性ことばの例　　　　　　　　　　　　　　♪Track68

A：あ、しまった！　歯みがき粉だと思ったら、ハンドクリームだった。
B：みがいちゃったの？
A：うん。どうしよう。死んじゃうかもしんない。
B：無添加って書いてあるし、飲まなきゃ大丈夫よ。
A：そりゃそうね。

会話5　男性ことばの例　　　　　　　　　　　　　　♪Track69

A：あ、しまった！　歯みがき粉だと思ったら、ハンドクリームだった。
B：みがいちゃったのか。
A：うん。どうしよう。死んじゃうかもしんない。
B：無添加って書いてあるし、飲まなきゃ大丈夫だろ。
A：そりゃそうだな。

「つたえるはつおん」（http://japanese-pronunciation.com）では、大阪や広島などの方言の言い方を動画で紹介しています。

✓CHECK

「か」「よ」「ね」とイントネーションのルールが　　□わかった　□わからなかった
イントネーションで気持ちが　　□表現できた　□表現できなかった
　　　　　　　　　　　　　　　□わからない

コメント：..

12 気持ちの伝え方1
－ていねいさ－

①ていねいさの伝え方がわかる
②声の要素のコントロールができる

1. 聞いてみよう

つぎの会話を聞いてください。女の人はどんな気持ちですか。「a. 棒読み」「b. ていねい」「c. 怒っている」の中から1つ選んで（　）に書いてください。

会話1　ちょっと待っていただけないでしょうか

①　♫Track70　▶　②　♫Track71　▶

> 男性：すみません。
> 女性：ちょっと待っていただけないでしょうか。
> 男性：わかりました。

①：女の人の気持ち（　　　）　②：女の人の気持ち（　　　）

会話2　本当にすみませんでした

③　♫Track72　▶　④　♫Track73　▶

> 男性：昨日のことなんですけど…
> 女性：本当にすみませんでした。

③：女の人の気持ち（　　　）　④：女の人の気持ち（　　　）

答えは、[① (a)、② (c)、③ (b)、④ (a)] ですね。

声の大きさや強さ、音の長さや高さがずいぶん違いますね。それぞれの気持ちにはどのような特徴があるかでしょうか。考えて練習しましょう。

棒読み reading in a monotone

2. ルールをおぼえよう

お願いしたり、あやまるときにも、いろいろな言い方がありますね。例えば、感情がない、ていねい、怒っているなどの気持ちは、表のように、声の高さ、大きさ、強さ、速さ、明るさ、硬さなどで決まります。気持ちの伝え方は人によってさまざまですが、1つの例を紹介します。

表　声の要素

①高さ	②大きさ	③強さ	④速さ	⑤明るさ	⑥かたさ
高い⇔低い	大きい⇔小さい	強い⇔弱い	速い⇔遅い	明るい⇔暗い	かたい⇔やわらかい

「ありがとうございます」「本当にすみませんでした」「それはむずかしいんですが…」「ちょっとまっていただけないでしょうか」の3種類の言い方を聞いてください。

2.1　棒読み　　🎵Track74 ▶

「棒読み」とは、ただ文を読んでいるようで、気持ちが伝わらない言い方のことを言います。話のスピードが一定で、特に声の明るさもありません。どこかを強調して大きく強く発音することもない言い方です。

2.2　ていねいな言い方　　🎵Track75 ▶

ていねいな言い方は、だんだんゆっくりと弱くなる、文のさいごが長くなる、つまった言いにくそうな言い方で、すらすらと話さないなどの特徴があります。したがって、句切りが入ることが多く、全体的にやさしく、やわらかい声で話します。

2.3　怒っている言い方　　🎵Track76 ▶

怒っている場合、アクセントの高低差が激しく、速くなったり、声もかたく、語気が強い特徴があります。文の最後が強く短く、ときどきはねあがるような言い方の場合も怒っている印象を与えます。

例えば、会話1の②では「ちょっと」の後に句切りがあります。そして声の高いところが「ちょ」っと」「ま」って」の2ヶ所にあって高低差が激しいことがわかります。文末「か」が強くあがっているのも特徴的です。

2.4 クッションことば

依頼や断りなどの場面で、「申し訳ありませんが」「申し上げにくいのですが」「せっかくですが」といったクッションことばが使われます。これは、つぎにどんな話が来るかを相手に予測させることばです。相手に「心の準備」をさせることは、ていねいさにつながります。クッションことばがないと、急でびっくりさせることがあるので、注意しましょう。声の出し方にも気をつけてください。

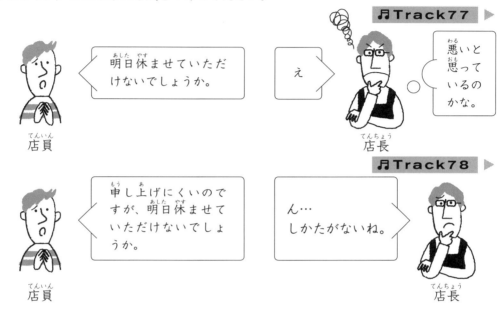

〈クッションことばの例〉

【依頼】
お手数ですが
お忙しいところ申し訳ありませんが
大変恐縮ですが
大変申し上げにくいのですが
失礼ですが

【断り】
せっかくのお誘いですが
ぜひ行きたいのですが
本当に残念ですが

依頼 request　断り refusal　お手数ですが I am sorry to take your time but…
大変恐縮ですが I am really sorry but…　大変申し上げにくいのですが It is difficult to say but…
失礼ですが I am sorry but…　せっかくのお誘いですが Thank you for asking but…

3. 考えてみよう　　　　　　　　　　　　　☞答えは p.76

3.1　つぎの＿＿にどのようなクッションことばを入れますか。下のa～eから1つ選んで書いてください。

1）コンビニでレジを待っているお客さんが横入りをしたので、注意する。
　　お客様、＿＿＿＿＿＿＿＿＿＿＿＿＿、こちらにお並びいただけますか。

2）先生に推薦状を書いてもらいたい。
　　先生、＿＿＿＿＿＿＿＿＿＿＿＿＿、推薦状を書いていただけませんか。

3）お財布を落としてしまったので、友だちにお金を借りたい。
　　ねえ、カンちゃん、＿＿＿＿＿＿＿＿＿＿＿、お金貸してくれない？

---
a. 失礼ですが　　b. わるいんだけど　　c. お忙しいところ申し訳ありませんが
d. 申し訳ありませんが　　e. 本当に残念ですが

3.2　AとBの発音を聞いて、ていねいな方を選び、ていねいでない発音はどこが問題なのか何が違うかを（　）に書いてください。　🎵Track79▶

1）お手数ですが、のちほどご連絡いただけますか。
　　A・B（　　　　　　　　　　　　　　　　　　　　　）

2）わるいんだけど、あとで電話してくれる？
　　A・B（　　　　　　　　　　　　　　　　　　　　　）

3）いらっしゃいませ。2名様ですか？
　　A・B（　　　　　　　　　　　　　　　　　　　　　）

4）ただいま、満席で…本当にすみません。
　　A・B（　　　　　　　　　　　　　　　　　　　　　）

自分の国のことばと言い方が違うところはありますか。

4. 練習しよう
「2.ルールをおぼえよう」であげた3つの言い方を練習してみましょう。

横入り cuting in the line　　推薦状 recommendation letter　　のちほど later

5．チェックしよう　　　　　　　　　　　　　　　　　　☞録音のしかたは p.8

　4で練習した「本当にすみませんでした」を「A：棒読み」「B：ていねい」「C：怒っている」の3つの言い方で発音し、録音してみましょう。

〈自己評価〉　自分で聞いてみましょう。気持ちが伝わりますか。

〈他者評価〉　気持ちが伝わるか、ほかの人にABCで答えてもらいましょう。

〈Praat〉　　　Praatの波形を見て、音の高さを確認しましょう。Track74–76、の「本当にすみませんでした」を使うと、つぎのように高さを確認することができます。

図1 [Praat]　A：棒読み

図2 [Praat]　B：ていねい

図3 [Praat]　C：怒っている

　気持ちが入ると、アクセントが変わることがあります。

6．応用練習

1）つぎの会話は、客が店員にクレームを言っている場面の会話です。客は怒っています。店員はていねいに対応してみましょう。

会話3　それはむずかしいんですが　　♬Track80 ▶

客：これ、少し飲んじゃったんだけど、取り替えてくれませんか。

　　こんなにまずいのは飲んだことがない。

店員：お客さま、申し訳ございません。もうお飲みになったんですよね。

　　それはむずかしいんですが…

客：あ、そう。店長呼んでください。

店員：ちょっと待っていただけないでしょうか。

2）つぎの会話は、友だちが約束の時間に遅れて電話であやまっている場面の会話です。遅れた人や待っている人の気持ちを伝えてみましょう。

会話4　あとでおごるから　　♬Track81 ▶

A：もしもし。おれだけど…

B：今、どこ？　おそいよ。

A：今、大学なんだ。わるいんだけど、もうちょっと待っててくれない？

B：ええええっ！　これ以上待たせる気？

A：ほんと、申し訳ない！

B：ったく、しかたないなー。

A：ありがとう。あとでおごるから。

【3．考えてみよう】の答え

3.1 1）d 2）c 3）b ♬Track82 ▶　　　3.2 1）A 2）B 3）B 4）A

✓CHECK

ていねいさの伝え方が　　□わかった　□わからなかった

声の要素のコントロールが　　□できた　□できなかった　□わからない

コメント：..

しかた（が）ない it can't be helped　おごる treat

76

13 気持ちの伝え方 2
－役割とキャラ－

PLAN
①役割やキャラに合った言い方の特徴がわかる
②役割とキャラに合わせて声をコントロールする

1．聞いてみよう
♫Track83

1）～10）の「かわいい」を聞いて、a～jのだれが言ったか下線に書いてください。
1)___ 2)___ 3)___ 4)___ 5)___ 6)___ 7)___ 8)___ 9)___ 10)___

a. まじめな男子大学生　b. 元気な女子大生　c. 頑固おやじ　d. 上品な母

e. やさしいおじいちゃん　f. セクシーな姉　g. ぶりっ子　h. チャラ男

i. 大阪のおばちゃん　j. 執事

答えは、[1) i、2) e、3) b、4) d、5) h、6) j、7) a、8) f、9) c、10) g] です。
言い方はキャラによってずいぶん違いますね。

頑固おやじ stubborn old man　上品な elegant　ぶりっ子 girl who tries to act cute
チャラ男 frivolous boy　執事 butler

2. ルールをおぼえよう

　職業や家族関係などの「役割」や「キャラ」（キャラクター＝性格）による話し方は人それぞれですから、決まったルールはないと言えます。声だけを聞いていて想像していた人が全く違っていたということもよくあります。しかし、話し方を聞いただけで、なんとなくどんな人が言っているのか伝わる場合もあります。
　役割やキャラの特徴を表で確かめましょう。

表　役割とキャラの特徴例

役割とキャラ	ことば	声の特徴
a. まじめな男子大学生	かわいいね	落ち着いている、はっきり
b. 元気な女子大生	わあ、かわいい！	大きい、明るい
c. 頑固おやじ	おお、かわいいな	かたい、低い
d. 上品な母	まあ、かわいらしいわねえ	やわらかい、ゆっくり
e. やさしいおじいちゃん	かわいいのう	ゆっくり、かすれている
f. セクシーな姉	ふっ、か・わ・い・い	鼻声、ゆっくり
g. ぶりっ子	うふっ、かわいいい	かわいい、高い
h. チャラ男	めっちゃきゃわいいぜ	はやい、軽い
i. 大阪のおばちゃん	めっちゃかわいいわあ	はっきり、元気
j. 執事	かわいらしゅうございます	重い、低い

　好きなアニメやドラマの登場人物は、どんな言い方をしていますか。思い出してみましょう。

かすれている hoarse voice　重い heavy

13　気持ちの伝え方2

3．考えてみよう
☞答えは p.82

1）①〜④の音声を聞いて、イメージに合っているのは、AB どちらですか。

①まじめ　　　　（A　B）

②やさしい　　　（A　B）

③かわいい　　　（A　B）

④明るい　　　　（A　B）

♬Track84 ▶

2）「ありがとう」を表の a 〜 j のキャラで言うと、どんな言い方になるか考えてみましょう。

キャラ	表現	声の特徴
a. まじめな男子大学生	「ありがとうございます」	
b. 元気な女子大生	「わぁ、ありがとう」	
c. 頑固おやじ	「あ、ありがとう」	
d. 上品な母	「ありがとうございます」	
e. やさしいおじいちゃん	「おお、ありがとさん」	
f. セクシーな姉	「んふ、ありがと」	
g. ぶりっ子	「ありがとう」	
h. チャラ男	「あざっす」	
i. 大阪のおばちゃん	「ありがとぉ」	
j. 執事	「ありがたく存じます」	

音声を聞いて自分が考えた声の特徴と同じか確認してみましょう。いろいろな言い方があります。

♬Track85 ▶

79

4. 練習しよう　　　　　　　　　　　♫Track86 ▶

　かわいいプレゼントをもらったお礼を留守番電話のメッセージに入れてみましょう。

a. まじめな男子大学生

「あ、プレゼントありがとうございます。すごくかわいいですね。」

b. 元気な女子大生

「プレゼント、ありがとう。すっごくかわいい！」

c. 頑固おやじ

「…あ、ありがとう。ま、かわいいな。」

d. 上品な母

「ありがとうございます。かわいらしいわねえ。」

e. やさしいおじいちゃん

「おお、ありがとさん。おおお、かわいいのう。」

f. セクシーな姉

「ふふ、プレゼントありがと。か・わ・い・い」

g. ぶりっ子

「ありがとう。うふっ、かわい〜い」

h. チャラ男

「わりーなあ。めっちゃきゃわいいぜ。」

i. 大阪のおばちゃん

「プレゼントもろうて、ありがとぉ。おおきに。めっちゃかわいいわあ。」

j. 執事

「プレゼントをいただきまして、まことに恐縮でございます。ありがたく存じます。たいそうかわいらしゅうございますね。」

5．チェックしよう　　　☞録音のしかたは p.8

「3．考えてみよう」の2）をいくつかのキャラで話し、録音してみましょう。
〈自己評価〉　自分で聞いてみましょう。そのキャラの特徴が伝わりますか。
〈他者評価〉　ほかの人に聞いてどんな役割やキャラで言ったか当ててもらいましょう。

　ねらい通りに聞こえないとしたら、なぜ違って聞こえたのかを考えたり話し合ったりしましょう。

6．応用練習

1）どのような言い方をしますか。

会話1　店員と客　　　　　　　　　　　　　♪Track87 ▶

> 店員：いらっしゃいませ。どれでもご試着いただけますよ。
> 客：はあ。
> 店員：さすが、お似合いですねえ。
> 客：いや、その。
> 店員：お客様にピッタリ。
> 客：あ、ありがとう。
> 店員：すばらしい！
> 客：いや、それほどでも…
> 店員：あ、そちらもお試しいただけますよ。
> 客：あ、はい。
> 店員：今いちばん人気なんですよ。これ、すぐ売り切れちゃうと思います。
> 客：そうなの？
> 店員：大きな声では言えないんですがあ、あのアンジェリーナさんもお買いになったそうで…

注意：お客様の反応も注意してみましょう。あいづちの仕方をいろいろ考えて、お客様を演じることもできますね。

試着する try on

会話2　時代劇　　　　　　　　　　　　　　　　　♬Track88 ▶

じいや：姫、そちらは危のうございます。じいが参りますから、お待ちくださいませ。
　　姫：まあ、美しい景色だこと。
ばあや：ほんに美しゅうございますね。まるで、姫様のよう。おほほ…
　　姫：そちは世辞が上手じゃのう。ほうびをとらすぞ。ほれ。
ばあや：なんと、お優しい。かたじけのうございます。

危のうございます（危ないです）　ほんに（ほんとうに）　美しゅう（美しい）　とらす（あげる）
かたじけのうございます（ありがたいと思います）

2）好きなテレビやラジオの番組を見たり聞いたりして、役割・キャラの真似をして
みましょう。

【3．考えてみよう】の答え
1）①A　②B　③B　④A

「つたえるはつおん」（http://japanese-pronunciation.com）では、動画で「いろいろ
なキャラを演じてみよう」、「大阪方言で話そう」、「広島方言で話そう」を紹介してい
ます。

```
✔CHECK
役割やキャラに応じた言い方の特徴が　　□わかった　　□わからなかった
声の要素のコントロールが　　□できた　□できなかった　□わからない


コメント：.........................................................................................
```

危ない dangerous　じい（や）old man servant　景色 scenery　姫 princess　（お）世辞 flattery
ほうび reward

82

14 さいごに
－これからの発音学習に向けて－

1．学習のふり返り

1．1　自己評価シート

　各課の最後に書いた Check をもとに、これまでの自分の学習をふり返って自己評価シートを完成させましょう。「自己評価」には、○△×、「理由」には評価の理由を書いてください。

表1　自己評価シート self evaluation sheet

各課のタイトル	自己評価 ○△×	理由
2　スラッシュ・リーディング ―聞きやすくわかりやすいイントネーション―		
3　スラッシュ・リーディング 2 ―喜怒哀楽の言い方―		
4　名詞と形容詞のアクセント ―声の高さのコントロール―		
5　動詞のアクセント ―山と丘のアクセントとイントネーション―		
6　文末イントネーション 1 ―「か」「ね」「よ」―		
7　文末のイントネーション 2 ―声の高さのコントロール―		
8　リズム 1 ―のばす音・小さい「っ」・「ん」―		
9　リズム 2 ―単語や川柳のリズムパターン―		
10　母音と子音 ―発音のしくみ―		
11　音の変化 ―男女差・方言差―		
12　気持ちの伝え方 1 ―ていねいさ―		
13　気持ちの伝え方 2 ―役割とキャラ―		

83

1.2 これからの発音学習について考える
1）自分の苦手な発音はどんな発音ですか。
　どうしてそう思いましたか。

2）1）を学習するためには、どのような学習方法が自分に合っていると思いますか。
　a. くり返し発音をよく聞いて練習する方法
　b. 記号を見て発音のルールを確認しながら練習する方法
　c. 手をたたいたり、身体を動かしたりしながら練習する方法
　d. その他（　　　　　　　　　　　　　　　　　　　　　　）

3）どのような音声資料を使って、練習するのがいいでしょうか。
　a. アニメーション　b. ドラマ　c. 日本語の教科書　d. お笑い番組　e. 音楽
　f. ニュース　g. ドキュメンタリー　h. 講義　i. その他（　　　　　　　　　　）

4）上の1）2）3）は、「1　はじめに」で考えたことと同じですか。変化がありましたか。

　これからの自分に合った発音の学習計画を立ててみてください。

補足

1．OJADの便利な使い方
1）4つの機能の説明

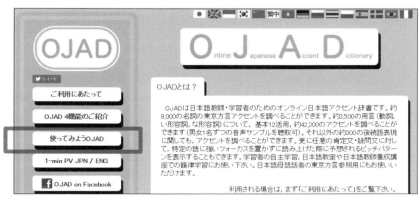

図1「使ってみようOJAD」

　Webサイト「使ってみようOJAD」の「タブレット端末用OJADデモ」では、「単語検索」と「韻律読み上げチュータスズキクン（以下、スズキクン）」の使い方だけでなく、「動詞の後続語検索」と「任意テキスト版」の使い方がわかります。

2）修正の方法
　①字の間違いは、ひらがなにしたり、漢字にして表記を工夫しましょう。
　スズキクンは機械なので、例えば、こんな間違いをするかもしれません。
　　・「何」はいつも「なん」と読むので、「なに」はひらがなにしましょう。

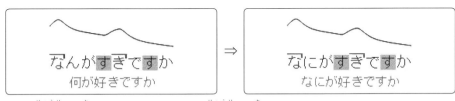

　　・「辛い料理が好きです」は「からい料理が好きです」にしましょう。

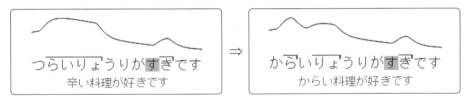

②エディター機能でアクセントを修正しましょう。

　スズキクンは機械なので、アクセントを間違えることがあります。アクセントを修正したいとき、文字を左クリックすると修正できます。修正後もう一度音声を作成してください。「アニメ」ではなくて「アニメ」のように、単語の1拍目と2拍目の高低差を必ず付けないと音声が作成できません。

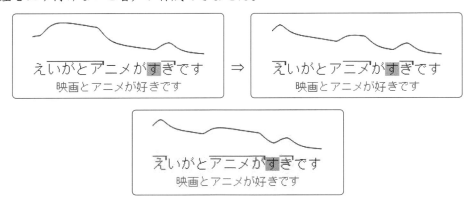

少しのアクセントの間違いは、あまり気にしないで、どんどん練習しましょう！

3）ポーズの調節

　スズキクンの「作成」ボタンで作った音声が速すぎるときは「slow」ボタンを選択して調節ができますが（p.6）、話すスピードはそのままで、ポーズの長さだけを長くしたい場合は、句読点「、」「。」を「、、、」「。。。」のように多く入れることで調節できます。

　「/」＜「、」＜「。」の順にポーズが長くなります。ただし、「/」は1本だけ入れましょう「//」のように多く入れるとエラーになります。

　Snipping Toolや、print screenを使ってスズキクンで調べたアクセントやイントネーションのマークをコピーすることができます。Wordファイルにコピー＆ペーストをして、好みの原稿を作りましょう。

2．Praatの便利な使い方「高さの調節」

声の高さは、女性は高く、男性は低い傾向があります。それは声帯（Vocal cord）の長さや厚さに関係があります。

Praatの声の高さの調節についてはp.9に説明がありますが、男性の場合、ピッチ曲線が低すぎて高さが確認しにくいことがあります。そのような時には、Praat Objects → [Pitch] → [Pitch settings]で高さの調節ができます。図2の画面いちばん上にある「Pitch range (Hz)」の下の値を低くすると、低い声の男性のアクセントが確認できるようになります。

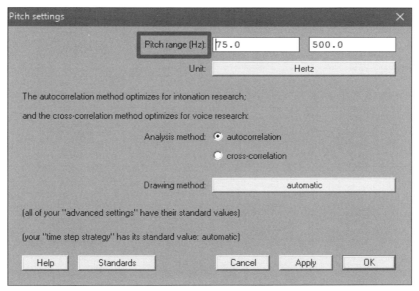

図2 Praatの「Pitch settings」

ドラマやアニメ、ニュースなど、BGMがなければ、Praatを使って自分の発音と比べることができます。ぜひ挑戦してみてください。

3．アクセントのパターン

アクセントには4つのパターンがあります。丘と山のアクセントだけでも十分ですが、つぎのページの表のような分類があります。平板型と尾高型の名詞は、単語だけで言うと同じですが、助詞がつくと違いがあります。区別するために名詞に助詞をつけます。

BGM　Background music

表 アクセントのパターン　　　　　　　　　　　♬Track89 ▶

	パターン	単語例
丘	平板型	はが（葉）、あめが（飴）、りんごが、ともだちが、 いく（行く）、あそぶ（遊ぶ）、はたらく（働く）
山	尾高型	は￢が（歯）、やま￢が（山）、はし￢が（橋）、あたま￢が（頭）、 いもうと￢が（妹）
山	頭高型	は￢が（歯）、あ￢めが（雨）、は￢しが（箸）、み￢かんが、 あ￢いさつが、く￢る（来る）、は￢いる（入る）
山	中高型	あな￢たが、てぶ￢くろが（手袋）、おと￢うさんが（お父さん）、 にちよ￢うびが（日曜日）、ある￢く（歩く）、てつだ￢う（手伝う）

4．あいうえお体操

口をしっかり動かして発音しましょう。

練習1

A：あれあれ

B：（あめふる）あいうえお

練習2

A：あいうえお

B：（あれあれ）

C：（あめふる）あいうえお

（　）内は自分で考えてみてもいいですね。

1）有声音と無声音　オノマトペ　　　　　　　♬Track90 ▶

あ￢らあら　あ￢めふる　あいう￢えお
き￢らきら　ひか￢るよ　かきく￢けこ　ぎりぎり　まにあ￢う　がぎぐ￢げご
こ￢ろころ　ころがる　かきく￢けこ　ご￢ろごろ　やすみ￢だ　がぎぐ￢げご
さ￢らさら　ながれ￢る　さしす￢せそ　ざ￢らざら　おさとう　ざじず￢ぜぞ
つ￢るつる　すべ￢るよ　たちつ￢てと　ず￢るずる　おそ￢ばを　ざじず￢ぜぞ
と￢んとん　たた￢くよ　たちつ￢てと　だ￢らだら　やすみ￢だ　だぢづ￢でど
の￢ろのろ　ある￢くな　なにぬ￢ねの
は￢らはら　ど￢きどき　はひふ￢へほ　ぷ￢んぷん　おこ￢るよ　ぱぴぷ￢ぺぽ
ふ￢かふか　おふとん　はひふ￢へほ　ぷ￢かぷか　うかぶよ　ぱぴぷ￢ぺぽ
ぶ￢かぶか　おおき￢い　ばびぶ￢べぼ　ぺ￢らぺら　にほんご　ぱぴぷ￢ぺぽ

88

み￢るみる　　じょうず￢に　　まみむ￢めも

よ￢ろよろ　　ふ￢らふら　　やいゆ￢えよ

ら￢んらん　　たのし￢い　　らりる￢れろ

わ￢あわあ　　なきむ￢し　　わいう￢えお

☞はじめの「あらあら」や「きらきら」などは、頭高型<ruby>頭高型<rt>あたまだかがた</rt></ruby>アクセントです。

2）拗音<ruby>拗音<rt>ようおん</rt></ruby>　オノマトペ　　　　　　　　　　　🎵Track91 ▶

キャ￢ーキャー　　ア￢イド￢ル　　きゃきゅきょ

ギャ￢ーギャー　　さわ￢ぐよ　　ぎゃぎゅぎょ

キュキュ￢ッと　　おそ￢うじ　　きゃきゅきょ

キョ￢ロキョロ　　みまわす　　きゃきゅきょ

ギュ￢ーギュー　　まんいん　　ぎゃぎゅぎょ

シュ￢ーシュー　　く￢うきが　　しゃしゅしょ

ジュ￢ージュー　　いた￢めて　　じゃじゅじょ

チュ￢ーチュー　　ねずみが　　ちゃちゅちょ

ニャ￢ーニャー　　おやねこ　　にゃにゅにょ

ヒュ￢ーヒュー　　かぜふく　　ひゃひゅひょ

ビュ￢ービュー　　たいふ￢う　　びゃびゅびょ

ピュ￢ーピュー　　さむ￢いよ　　ぴゃぴゅぴょ

ミャ￢ーミャー　　こね￢こだ　　みゃみゅみょ

ア￢リャリャリャ　おわりだ　　りゃりゅりょ

3）新<ruby>新<rt>あたら</rt></ruby>しい五十音<ruby>五十音<rt>ごじゅうおん</rt></ruby>　　　　　　　　　　🎵Track92 ▶

ジェット￢機<ruby>機<rt>き</rt></ruby>　　　ジャ￢ンジャン　ジャジジュ￢ジェジョ

ティ￢ーンだ　　　ディ￢ーンだ　　ダディドゥ￢デド

シェ￢リーだ　　　チェ￢リーだ　　チャチチュ￢チェチョ

はつおん　　　　チェ￢ックだ　　チャチチュ￢チェチョ

ファ￢イトだ　　　ユ￢ーフォー　　ファフィフ￢フェフォ

おしゃ￢れな　　　カフェです　　ファフィフ￢フェフォ

ウィス￢キー　　　ハイウェ￢イ　　ワウィウ￢ウェウォ

89

4）言いにくい音　　　　　　　　　　　　♬Track93 ▶

アチチチ	あつ￢いよ	あいう￢えお
おつかれ	しつ￢れい	たちつ￢てと
きつ￢つき	くっつ￢く	たちつ￢てと
こどもが	ころんだ	だぢづ￢でど
こんやく	こんにゃく	にゃにゅにょ
ざ￢らざら	じゃ￢らじゃら	じゃじゅじょ
しらない	しなない	なにぬ￢ねの
せっけん	ゼ￢ッケン	さしす￢せそ
せ￢んねん	せ￢んえん	さしす￢せそ
そうぞう	しょうじょ￢う	ざじず￢ぜぞ
しゅりけん	しゅ￢うりで	しゃしゅしょ
ペ￢ットか	ベ￢ッドか	ぱぴぷ￢ぺぽ
らくだが	ならんだ	らりる￢れろ
ゆうめい	ゆめ￢みて	やゆよ
りょこうだ	よやくだ	りゃりゅりょ
また￢ねと	はなれ￢る	なにぬ￢ねの
またまた	ま￢だまだ	まみむ￢めも
い￢つでも	よ￢かった	やゆよ

【著者紹介】

木下直子（きのした なおこ）

博士（日本語教育学）
早稲田大学日本語教育研究センター准教授
専門：日本語教育、音声教育
主な著書・論文：『日本語のリズム習得と教育』（早稲田大学出版部、2011 年）、『コミュニケーションスキルの学び：グローバル社会を生きるためのレッスン』（共著、実教出版、2015 年）、Learner preferences and the learning of Japanese rhythm (Proceedings of the 6th Pronunciation in Second Language Learning and Teaching Conference, 51–62. 2015 年)

中川千恵子（なかがわ ちえこ）

博士（人文科学）
國學院大學大学院兼任講師
専門：日本語教育、音声教育
主な著書：『さらに進んだスピーチ・プレゼンのための日本語発音練習帳』（共著、ひつじ書房、2009 年）、『初級文型でできる　にほんご発音アクティビティ』（共著、アスク出版、2010 年)、『にほんご話し方トレーニング』（共著、アスク出版、2015 年)

ひとりでも学べる日本語の発音
OJAD で調べて Praat で確かめよう

Teach yourself Japanese Pronunciation
Naoko KINOSHITA and Chieko NAKAGAWA

発行	2019 年 2 月 25 日　初版 1 刷
定価	1600 円＋税
著者	Ⓒ 木下直子・中川千恵子
発行者	松本功
ブックデザイン	上田真未
イラスト	山本翠
印刷・製本所	株式会社 シナノ
発行所	株式会社 ひつじ書房

〒 112-0011 東京都文京区千石 2-1-2　大和ビル 2 階
Tel.03-5319-4916　Fax.03-5319-4917
郵便振替 00120-8-142852
toiawase@hituzi.co.jp　http://www.hituzi.co.jp/

ISBN978-4-89476-851-2

造本には充分注意しておりますが、落丁・乱丁などがございましたら、小社かお買上げ書店にておとりかえいたします。ご意見、ご感想など、小社までお寄せ下されば幸いです。

〈ひつじ書房　刊行書籍のご案内〉

さらに進んだスピーチ・プレゼンのための日本語発音練習帳
中川千恵子・中村則子・許舞貞著　定価 1,800 円＋税

音声学を学ぶ人のための Praat 入門
北原真冬・田嶋圭一・田中邦佳著　定価 2,400 円＋税

〈ひつじ書房　刊行書籍のご案内〉

新訂版　聞いておぼえる関西（大阪）弁入門
真田信治監修　岡本牧子・氏原庸子著　定価 2,800 円＋税

音声を教える
国際交流基金著　定価 1,500 円＋税

〈ひつじ書房　刊行書籍のご案内〉

日本語のアクセント、英語のアクセント―どこがどう違うのか
杉藤美代子著　定価 1,500 円＋税

Word Accent in Japanese and English: What Are the Differences?
杉藤美代子著　増田斐那子訳　ドナ・エリクソン監修　定価 2,200 円＋税